《孤独星球》杂志 著

旅行没有方法论

漫

走到哪算哪吧……

中国地图出版社
北京

目录

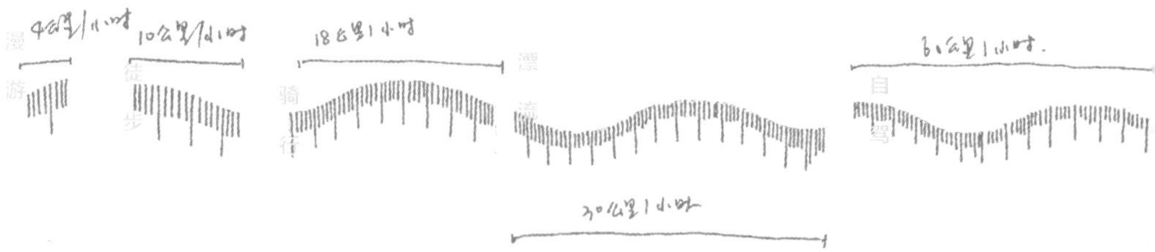

自驾穿越

火车之旅

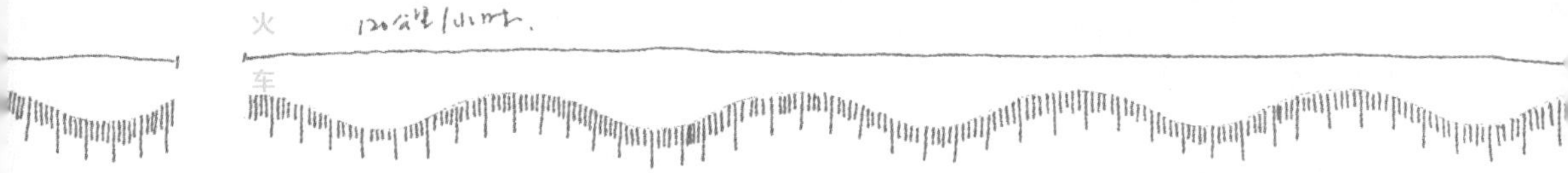

序 把旅行作为方法

旅行本身
并不存在什么特定的方法，
你以自己喜欢的方式
去做就好。

阿兰·德波顿（Alain de Botton）在《旅行的艺术》一书中讲述了一段于斯曼小说中的故事情节：足不出户的厌世贵族德埃·桑迪斯公爵独居于巴黎市郊，以阅读文学经典为主业。一天清早，一本狄更斯的小说引发了公爵对英国人生活的强烈兴趣，于是他突然决定到伦敦旅行——说走就走，他收拾行装，坐上火车就来到巴黎，买好了前往伦敦的火车票。离出发还有一些时间，公爵走进一家书店买了本《伦敦旅行指南》，又在附近一间常有英国人光顾的酒吧打望了一阵，想象着狄更斯小说中的场景，然后来到隔壁的英式小餐馆享用食物。但是，突然间，桑迪斯公爵怀疑起自己来：真的到了伦敦，是不是也就这样了？除了疲惫、厌倦和新的失望，还能期待什么呢？既然一个人能够坐在椅子上捧书漫游，又何苦真的出行？“我居然不肯相信我忠实可信的想象力，却像老笨蛋一样相信到国外旅行是必要、有趣和有益的！”于是，说回就回，他搭上最早的一趟火车又回到了他的居所。

看到这个故事，我的耳边立刻响起了Lonely Planet创始人托尼·惠勒（Tony Wheeler）关于旅行的那句经典名言：“只要决定出发，最困难的部分就已结束。那么，出发吧！”显然，公爵大人没能越过这一关。

从表面上看，桑迪斯公爵没能出发，完成一次真正的旅行，是因为他无法承受美好想象和实地旅行之间可能的落差。然而，走出自己惯常的生活，前往一个陌生的地方旅行，充满的未知性和不确定性，由此而产生的焦虑和不安全感，可能才是他无法克服的真正挑战。

从另一个角度来说，知识的获取可以归纳为三种方式，“亲知”“闻知”和“说知”，即亲身感知、他人告知和逻辑推知。读书属于第二种，旅行属于第一种。从发心起意到动身上路，其实是跨越认知方式的一大突破，而出发就是实现这个转换的开关。公爵没能启动这个开关，就像没能打开旅行的魔法大门——没错，带着眼耳鼻舌身意这套全副人类装备，去现实世界亲证色声香味触法的绚丽饱满，才是真正的魔法。知识是头脑的事，只有通过自己的行动切身体验到了，才能真的成为认知，因为懂得，所以能够更好地理解世界。这可能就叫“非知之艰，行之惟艰”吧。

如果对旅行这桩事作个拆解，大约可以将其划分为起心动念、制定计划、实地旅行、返程回顾这四个部分。作为与有“旅行圣经”美誉的 Lonely Planet 合作了 8 年的出版者，我们很荣幸自己出版的数百种图书和杂志能够几乎全程参与这四个部分：有趣的图文，激发愉悦的阅读体验，为他日去往某地“种草”；有用的具体信息，为旅行者行前谋划和制订攻略提供详实资料，也是旅途中的实用向导；旅行结束，它们仍然可以发挥余热，成为你追忆旅程的线索和记录写作的参考。

这一套“旅行没有方法论”系列小书，每篇文章都是来自 Lonely Planet 作者的“亲知”，其名称传达的是这样一种理念：旅行本身并不存在什么特定的方法，你以自己喜欢的方式去做就好。这套小书，延续着“负责任的旅行，有态度的探索”精神，其所讲述的旅行不只是单纯的“目的地”游览，更是一种对外部世界的情感探知，是充满思考和分享的过程。为了打破以目的地来分类的概念，我们甚至选择了不同寻常的视角来破题，比如以“冷”“热”这样的感官觉受来切入，以开启我们发现世界的独特旅行体验。

虽然旅行没有方法论，但我们不妨把旅行作为方法，去探寻这个世界，遇见未知，拓展自己的认知边界。根据量子力学的“不确定性”原理，观测者的观测行为本身，是可以影响到被观测粒子的实验结果的。这样的话，旅行者就可以把自己作为一个变量，亲身参与到旅行这场由践行而体认的事件中去，以那个当下的“此身，此时，此地”，创作出一个与任何一本书中描写都不同的专属于你自己的独特旅行故事吧。

BBC 纪录片《万物与虚无》（*Everything and Nothing*）认为，“人类的存在就是宇宙了解自身的方式。”那么在这篇东拉西扯的序文结尾，请让我套用一下这个高级的句式：旅行也是我们了解自身的方式。至于怎样旅行，你说了算！

LP 项目部总编辑

中国地图出版社

生活有时就是比
剧本还要荒诞。

酒，是世间粮食和果实的灵魂，比
如此刻我们面前的这杯伏特加。

城市漫游

咳嗽、贫穷和爱是无法隐藏的，身份也是。

○ 大陆坊旧址内卖小吃的居民

里份漫游——探寻江城的隐匿市井

文○红豆
图○红豆

位于武汉的百年商业老街江汉路，
从白日到黑夜，
总是人潮涌动，热闹非凡。
初到武汉时，
我曾到访，
当时吸引我的不是这繁华，
而是一旁安静的小巷里
那些独具特色的建筑。
经过一番询问，
我方得知它们叫作“里份”。

汉口的里份不同于北京胡同那种皇根底下土生土长的纯粹，又没有上海弄堂那种晦涩和窃窃私语的暧昧，而是杂糅了中与西、贫与富，流露出市井的江城风味。立面凹凸的墙壁，层层叠叠的百叶窗，黑白相间的水磨石地面，好似一个个琴键，弹奏出只属于汉口的韵律。

初探里份街区

我与从事历史建筑文化研究的朋友子健相约在一个下午，一同去探寻这些隐匿在都市表层皮肤之下的“毛细血管”。从地铁江汉路站花楼街出口，穿过熙熙攘攘的江汉路，约莫 50 米即可看到中西合璧式的上海银行汉口分行，旁边就是上海邨的牌楼，一旦穿过这个“结界”，便瞬间过滤掉江汉路步行街铺天盖地的喇叭声、香水气和鸭脖味，进入古朴而宁谧的汉口里份。

子健边走边告诉我：“武汉保险商李鼎安买下此地后，邀请英国建筑师弗兰克·贝恩斯（Frank Baines）设计，于 1923 年建成后命名为鼎安里。抗战结束后，鼎安里被抵押给上海商业储蓄银行，改名为上海邨，作为银行职员宿舍使用。当时的行长和副行长也在此居住过。”

如今的上海邨有些破败，房屋外墙是大片大片的暗，窗口里探出的绿植也乱蓬蓬蒙着灰，不像是细养出来的，唯半空中的栾树结出了许多明艳的水红色果实。“跟我来，里面有玄机。”我们从一楼的大门往里走，穿过漆黑的短回廊，忽然进入一小片露天的亮堂堂的天地。原来里份居民楼背后藏有“天井”，在四周高屋的围堵下，我们像是置身于井底。天井设有灶台和后门，第 3 层是晒台，在晒竿之中穿过，像是通过一条古老的甬道，衣被的纤维在金色的阳光里飞舞。

里份

和北京的胡同、上海的弄堂相似，里份是武汉独特的民居建筑。汉口开埠后，19 世纪末 20 世纪初出现了武汉近代最早的里份。1901 年，第一个里份三德里建成，它也是武汉规模最大的里份之一。到了新中国成立初年，据统计，当时较规整的里份共有 208 条，如今只剩不足百条。保存最为完整的咸安坊目前已被拆除，而汉润里等里份建筑的部分门窗也已被改造成现代的式样。里份在武汉三镇均有分布，现存里份多位于汉口。汉口的里份类型多样，有单条的、网格的，也有无规律自由组合的。

从上海邨步行至鄱阳街上的江汉村与六也村的路上，子健特意让我注意看门栏和窗框上的雕花：“这里是里份高级建筑群，单体看是独立的公馆，整体又衔接成狭长的一列，是古典风格和近代风格的混合。以前能进入这两个村落的大都是腰缠万贯的商人、政客，还有洋行的高级外籍职员。”

这种中西合璧的公寓在今天看来仍然十分讲究，局部装饰细致，格子窗下半截镶有条环板，做工精细，花心和腰花板的装饰采用了中国传统的建筑花饰图案，窗户上架设了蓝白条纹的欧式遮阳篷，落地的老百叶门显得颇为肃穆。有趣的是，曾经富贵名流居住的这些高档住宅外如今晒着许多寻常人家的碎花棉被，不时有燕子扑腾过来，踩两下就立刻飞走了。六也村的居民们享受着怠惰的下午，有的在路边下棋，也有的在前院里喂鹦鹉，或靠在老百叶门后借着阳光看报纸。

○ 江汉路地铁站附近的上海邨内

聆听里份往事

我们不知不觉漫游到了宽敞的中山大道，一座方方正正的恢宏建筑瞬间吸引了我的注意。“这是以前的汉口盐业银行，从内廊式大石柱的三个外立面可以看出是罗马古典复兴的建筑风格，但很遗憾，原来手工雕琢的花岗岩外廊被拆除了，现在看到的外廊应该是20世纪90年代水泥制的仿品。”子健惋惜道。

我们在附近遇到了一位约莫70岁、身形瘦削的老人，他原住在汉安村。他指着那片废墟一样的房子说道：“我小时候就住在这里，我和邻居小孩经常一起串门子，做游戏。”

他停顿片刻，似乎在回忆过往，而后又继续向我们讲述他与里份的故事。“66年前，我们的屋顶平台还没有被加盖住房。武汉夏天潮热，晚上我们就在平台上歇凉露宿，听北京路上1路和24路汽车轰隆隆开过的声音，还有巷子口人民印刷厂里面的机器声……那时候武汉的高楼大厦还不多，平台上可以看到江汉关钟楼、水塔这些武汉当时的标志建筑，晚上亮灯的时候，真好看。”这个大平台是武汉所有里份房子里最独特的，别的房屋一般都是坡状瓦顶，就算有平台也很小，而汉安村的平台却和建筑面积一样大。

“加盖了简易房后，又要拆迁，大家就都从里面搬走了。邻居们天南地北地走，很久没有大家挤在一起热闹的感觉啰。”宁静的午后，他像是这条街唯一在说话的人，诉说着里份变迁的记忆。听着他的话，我似乎可以窥见这儿昔日热闹纷扰的模样。

深入街巷之内

金光里，一个男人骑着载满莲蓬的三轮车驶向不远处的中孚里，鲜翠碧绿的一车莲蓬突然闯进朱红色的砖木建筑群，像是颜色对比强烈的水彩颜料打翻混合在一起。不同于破败的汉安村，这片昔日英租界内的老屋风韵犹存，明丽的粉黛颜色似乎未曾褪去。

而中孚里隔壁的大陆坊旧址，曾是银行界的经理、纱厂的老板及医生的高级住宅。进入居民楼，里面仍保留着传统式样的旋梯，我们沿着积灰的木质楼梯爬到顶楼，从天窗往外探，隐约可见到对面“劉學真診所”几个字，但已模糊不清。秋阳斜铺在路上，枇杷树叶泛着些光芒，曾经

○ 大陆坊旧址内正在专心做作业的小朋友

的高级公馆如今被切分成空间狭窄的小方块，但也有居民不满足于此，自行做了一些增设和改建。

透过稀疏的高压电线，看到穿着伞裙的小女孩从窄长的阳光里跑过去，淘气的男孩在幽深的坊间玩模型手枪和捉迷藏，从厚厚的半封闭红砖围墙里探出小脑袋，笑声像风铃一样缠绕着公馆。他们穿行在里份的小巷中，就像穿行在汉口的血管里。

大陆坊旧址几步之外是著名的汉润里，虽处在闹市中心，但它仿佛是一处绝妙的隐居地。这个一眼能望到头、长不过百米的地方，却是民国时期的高等寓所，曾住过一代汉剧宗师余洪元，而董必武和胡风也在这里创办了《七月》半月刊。哗啦啦的麻将声萦绕在上空，在茶水社交场里，老居民们似乎把怀古的幽情都托给了麻将牌。

临近傍晚时分，从汉润里走出来，子健特意带我穿过金城里狭长的骑楼，我们的汉口之行进入最柔和浪漫的时分。秋风镀上一层金光，抚弄着大约 1 公里外的黎黄陂路上一座夺目的橘红色三角形房子，凹凸的砖墙上清晰可见“1910”的字样。“这就是汉口最有名的巴公房子了，”子健指着它，“它是俄国贵族巴诺夫建的，所以叫它‘巴公房子’。在汉口，它无疑是最早的多层豪华公寓大楼，但更特别的是，它平面是一个刚好立在汉口三路交会处的锐角三角形，而三角形中空洞自然形成一个代替内院的天井，这构思实在令人惊叹。”只可惜曾盛极一时的建筑如今被围封起来，当年那让人称奇的三角中空天井早已无法入目，我们只得绕着它走了一会儿，相对无言。

此时天色已晚，我们腹中空空。在黎黄陂路上的一处院落内，我们找到了一间叫“随园食馆”的私房料理。清雅的前厅里，客人们低头安静地慢斟细酌。花雕蒋鸡切粉汤底清亮，盖碗浇头从蒸笼中提出，浸有入味的秋油汤，使胃壁格外熨帖，再佐爽口的酱调贝唇和一壶乌梅甘露，真是最适合秋天的搭配。

出店时天色半黑未黑，我们偶然发现了车站路的一座无名公馆，这座深院里的独栋异常动人，却没有附上“优秀历史建筑”的牌匾，因而无从得知历史。子健惋惜，为什么它竟然没有一个名号？老房子在梧桐树影里萧萧索索，散发着历史的气息，汉口的迷人之处或许就在于此。

○ 江汉村牌坊

与川端康成同游日本

文 ◦ boho
图 ◦ boho、视觉中国

"穿过县界长长的隧道，
便是雪国。
夜空下一片白茫茫。
火车在信号所前停了下来。"
在去往机场的路上，
我想起了《雪国》开端的这段话。
日本自古以来所具有的古典美一直深深吸引着我，
而我的日本美学意识启蒙人，
正是小说家川端康成。
他的小说流淌着纤细的诗意，
哀愁如薄雾一般挥之不去。
我不甘在川端的小说世界之外徘徊，
于是飞向了这片国土。

大阪物哀之美

大阪市区是川端康成的出生地，他的作品中对大阪着墨不深，但是坎坷的童年经历却深深影响了其日后的创作。他将代表悲情和触物感怀的"物哀"看作日本美的源流，在他笔下的每个故事里，春夏秋冬与人的命运紧紧相连，落花、细烟、冷雨……好似被赋予了最深切的感情。

我想要一探川端康成笔下物哀的来源，于是踏入了此行的第一站——大阪天满宫。川端康成 2 岁之前跟随父母住在天满宫旁，如今那里还矗立着川端康成诞生之地纪念碑。2 岁失去父亲后，他随母亲迁居大阪乡下，随后母亲和姐姐相继去世；14 岁时，他成为孤儿。

全木质结构的天满宫原建于 949 年左右，内奉 8 座神社，最著名的正殿供奉着化身为“学问之神”的平安时期学者菅原道真。

天满宫的殿前摆着几摞清酒，身着白衣的神社见习生正忙着在殿内打扫。浅绿瓦屋顶在青松的衬托下显得十分古朴，屋脊两端的鬼瓦带有梅花纹饰，正与池塘边的梅树相呼应。“枯山水”庭园以极简参悟禅道，天满宫内有几棵松树，显出一种开阔雅致的意境。用川端的“物哀”式审美观赏这座庙宇，确是极富意趣。

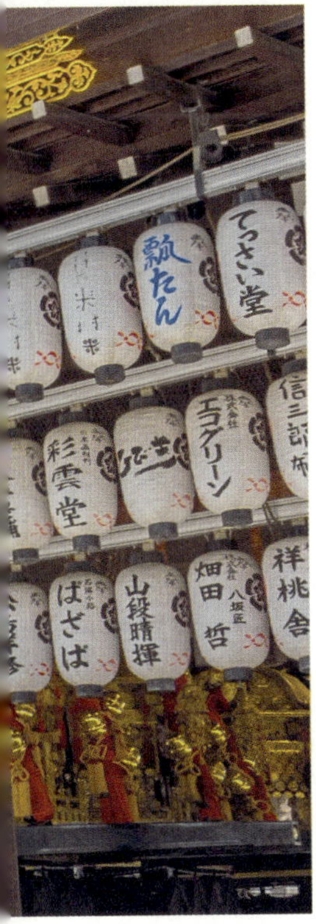

○ 八坂神社

天色阴沉，街道上偶尔听得到大阪人爽朗的笑声。天满宫附近的天神桥商店街里，一家水果店的老板指了指筐内扁平的日本甜柿，用日语不太确定地对我说道：“要不要尝尝柿子？”这个场景勾起了我对川端名篇《伊豆的舞女》的回忆：主人公荣吉在送舞女上船时赠予她的，正是柿子和四包香烟。柿子甜极了，我为了平衡嘴里的味道，不得不又在自动贩售机前买了一罐无糖黑咖啡。

怀着同样的“物哀”之情，我又去拜访了住吉大社。住吉大社已有 1800 年的历史，每年盛夏举行住吉祭时这里都是人山人海，平日里却保留着一份幽深静远。还未穿过鸟居，隔着马路便能看见那座出现在川端《住吉》三部曲里的橘红色太鼓桥。桥的石阶因岁月有了磨损，如今用木板装订保护了起来，桥身虽短，但真正踏上去还是会感到又陡又窄，必须扶着鲜红的桥栏才能继续往前，正如川端康成文学碑上写的那样——“上桥比下桥害怕。”

若从太鼓桥的两侧观望，虽已无从欣赏古时六百余座石灯照亮桥面的景象，却可以发现桥身和水中的倒影连成了一只狭长、鲜明的鼓，横在一片蓝天绿影之间，那即是住吉大社的象征。此刻，周围只有杉树在风中发出的“沙沙”声，几个去五所御前寻求好运的人消失在一棵粗壮的樟树背后。

天神祭

日本三大节日之一，每年 7 月举行。在节日的第二天，神舆（可移动的神龛）的游行队伍和身着日本传统服装的人，会从大阪天满宫出发，一路游行至大川（O-kawa），夜幕降临时，现场还会有一场大型的烟火表演。

京都之夜

川端康成视京都为自己的故乡，尽管他坦言自己不了解京都的内部生活，却忠实记录了这里古色古香的日本风物人情，他在《〈古都〉作者的话》里写道："我想写旧的都城中渐渐失去的东西。所以我常常到京都……"他写过北山亭亭直立的杉树，清水寺山顶的日落，也写过夏天傍晚的火烧云，南禅寺的清幽。

夜是京都的主角。夜色中，祇园点着幽暗的路灯，行人们沿着低低的屋檐散步。在《古都》里，女主人公千重子正是在祇园祭遇到了她的孪生姐妹苗子，一段关于身世的纠葛也就此展开。我步入八坂神社，一排灯笼照亮了漆红的大门，几个高中生在玩拍手游戏。传说，在祇园正殿的东边拍手，西边会有回响。驻足在无人声的小径，尚未落尽的红叶从鸟居旁延伸向上，残月挂枝，风铃作响，祇园显得越发神秘了。

从神社东口离开，我走进一片老住宅区，在一家面馆就着京都特产山椒吃下一碗手擀乌冬面。一股暖流涌遍全身，再次走进夜色的时候，月亮又升高了一点。

"由于是冬天，没有人到岚山来参观。可我却第一次发现了岚山的美。"川端康成在《花未眠》一文里这样说。这位终身追寻日本传统之美的作家对岚山的闲寂印象尤深。于是，次日黄昏，我也跟随他来到了这片京都郊野。

距离岚山花灯路的灯展开始还有半小时。沿着河边向西走，渡月桥下有几只白鹭站在浅滩上，一路上都是穿着和服的女人，说说笑笑，拖踏着木屐往竹林赶去。我不急于入场，反倒向着北边更寂静的清凉寺走去。《古都》里，千重子的养父荣吉郎曾住在嵯峨山里的尼姑庵设计和服腰带的画稿，千重子看望他时曾问："爸爸，你吃森嘉的烫豆腐吗？我买来了。"这家百年豆腐店藏在一种静谧黑暗里，远远就能看到店里冒着大团大团的蒸汽，走近了才发觉门前排着四五位买豆腐的人。

"只有炸豆腐可以现吃，65 日元。"做豆腐的厨师比画着解释道。

于是，我得到了一块方方正正的金黄豆腐，还有一瓶拇指肚大小的酱油。尽管烫口，但咬开的豆腐芳香四溢，是一种难以割舍的美味。

晚上 6 点之后，竹林小径满是游人。这条长约 5 公里的漫步路线跨过 JR 铁路，经过平安时代贵族常拜访的二尊院和俳句诗人向井去来隐居的落柿舍，勾勒出一幅典雅的历史图景。从野宫神社到大河内山庄，竹

○ 渡月桥

叶茂密，竹林里幽暗的紫灯和头顶的一轮明月相互辉映，《取竹物语》里关于辉夜姬的神话故事好似出现在眼前："从前有个伐竹翁，天天上山伐竹……他发现一节竹子发出亮光，觉得出奇，走上前去，只见竹筒里亮光闪闪。仔细观察，原来是个三寸的小美人。"

有评论家说，晚年的川端康成已然超越了"物哀"，在小说里展现了一种旷远的"幽玄"意识。这种最早出现在中国悲歌里的说法，大概恰恰也能代表京都的夜。离场后，我像千重子目送苗子离去一样，在电车上遥望岚山。整个市街陷入了沉睡。

终身定居处——镰仓

明治时代起，镰仓接纳了数位不问政治、安于避世的文人，也成为众多名篇创作灵感的起源地。1945 年，46 岁的川端康成与久米正雄等人一同在镰仓八幡大街成立了镰仓文库；次年，他迁居这座迷人的海滨小城，并终身定居于此。在这里，他开始了《山音》和《千只鹤》的创作。

如今，川端家的旧居（长谷 264 号）变成了川端文学基金会。如无特殊纪念日，这里一般不对外开放，人们只能远远站在门外，想象川端

○ 镰仓文学馆

在凌晨听着窗下的潺潺水声，写作至天明的情景，或者是当时的文坛新星三岛由纪夫登门拜访时的情形。

不过，往北走约 1 公里，沿着迂回山路向上，穿过枝藤纠缠的“招鹤洞”，一片苍翠树荫下的镰仓文学馆，依然向文学爱好者敞开怀抱。川端康成曾说：“镰仓文库是惨败时唯一一扇开业的美好的心灵之窗。”而如今的镰仓文学馆，也许是网络时代一座古典文学的追缅之所。

文学馆的前身是一座建于昭和时代的和洋折中式别墅，矗立在玫瑰园和翠叠重重的后山之间，透露着几分高贵气质，曾被三岛由纪夫当作小说《春雪》的背景。在常设展览馆内，可以看到川端康成平日使用的砚台、几幅他的书法真迹，以及《雪国》增补部分复制手稿。手稿写于格子稿纸上，字体清晰、娟秀，没有多少涂改痕迹。此外，馆内还有他和大佛次郎等好友的合影。

傍晚时分，天气晴转狂风，我沿着海滨公园往鹤屋（つるや）的方向走去。据说，鹤屋是川端康成生平最喜爱的鳗鱼饭料理店。

鹤屋的门面很小，推开木门，店家微笑着迎了上来。这里需至少提前一天预订，只设有两张木餐桌，此刻另一张餐桌旁坐着三位上了年纪的日本老人。室内陈设简单，亲切得仿佛是在老朋友家做客。

“鹤屋有多少年了？”我向端来大麦茶的女厨师打听道。

“八九十年了。”

“川端康成先生……”

“是的，是的。”她笑着应道，转身又去厨房了。

过了一会儿，鳗鱼饭盛在方正的漆盒里端了上来。打开盒盖，漆盒的阴翳捕捉着飘忽不定的灯影，衬得米饭粒粒发亮，铺在米饭上的鳗鱼则呈现柔软的褐色光泽。

从鹤屋出来，沿着大街往镰仓站的方向走，在六地藏菩萨的佛像四周，藏有很多二手古董店。在《千只鹤》里，“柔和，似梦一般”的志野陶水罐，以及“赤乐”和“黑乐”一对男女茶碗见证了主人公菊治、文子和太田夫人的情感变迁。菊治总在电话里对文子说，看到水罐就会想起她来。作为读者，我绝不想错过见识日式器物的机会。

推开一家古董店的玻璃门，在昏沉的光线中，我张望四周：展示柜上堆放着明治 29 年的木版画、昭和初期的白瓷碗、绘有泥金画的首饰盒、西洋玻璃花瓶……最惹人怜爱的是一双小西陶茶碗。一只黄色带红釉的茶碗，似是曾使川端联想起京都暮色的那只。

夜深了，街上的店铺多数已经闭门，不知从哪儿传来了鸢鸟的叫声。它们一定是从后山来的。

东京站观世相

很多川端文学迷对《浅草红团》爱不释手，川端在这部作品里写尽了浅草的种种风物——歌舞团与爵士，酒馆与寿司，少女艺人……在他心中，那个时代的浅草就是“东京的心脏”。不过，浅草商圈崛起，昔日风貌不保，相比之下，东京最古老的车站——东京站一带，在岁月的涤荡下仍风韵不减。

车站旁的东京站酒店无疑是其中典范。日落时分，我站在酒店前的广场上，整个东京站近在咫尺，它笼罩在微暗的灯光之中，虽然置身繁

○ 日本东京站

华之地，却有着一种闹中取静的氛围。走进酒店，前台的大理石壁炉燃烧着火焰，水晶吊灯的灯光反射在宛如崭新般的几何地板上。乘电梯来到川端康成曾经住过的 3 楼，可自近处观望东京站的进站口——据统计，东京站作为东京铁路的起始点，每天要接纳 3000 辆火车班次。1956 年，川端康成下榻这家世界著名酒店的 317 号房间，时长一个月，他在这里写下了有关战后都市的小说《身为女人》。小说里写道："在这里整天都看不够，天天都这么热闹，到处都是人……他们谁都不知道我在这里观察着他们。从这里不是可以了解形形色色的面孔吗？"

这是我日本之行的最后一站。光腿穿靴子的女孩子们手上拎着大大小小的购物纸袋，从我面前走过。恍惚间，这些都市丽人映在水洼里的倒影，和《东京人》里手持英国阳伞的漂亮小姐的身影，仿佛重叠在了一起。

如果这是川端康成生活的时代，他也会怀着悲悯之心写下现代日本的人世相吧，我想。

金环双城记：弗拉基米尔和苏兹达尔

文◎姚望
图◎视觉中国

○ 博戈柳布斯基修道院，内有安德烈大公宫殿的残迹

原野、河流、树林、木屋、鳞次栉比的教堂和明朗的天空……
“这真是理想的田园小镇。”
当我第一次来到苏兹达尔的时候，
不禁赞叹。
苏兹达尔及其邻城弗拉基米尔隶属弗拉基米尔州，
这两座古都同列于《世界遗产名录》，
是探索俄罗斯“金环”地区的理想起点。
我不止一次抵达这里，
透过双城安静的表面，
找寻一个大国
在历史长河中的片羽吉光。

弗拉基米尔：荣耀旧都

一座宁静的、透着怀旧气息的省会城市——这是弗拉基米尔给人的第一印象。这座拥有 34 万人口的弗拉基米尔州首府常被视为通往苏兹达尔的中转站，事实上，它同样是探索俄罗斯中世纪历史的绝佳地点。城内的主干道莫斯科大道不算宽阔，也并不长。沿着这条大道漫步，可将城内最重要的历史遗迹尽收眼底。

大道上最具代表性的建筑，无疑是圣母升天大教堂（Assumption Cathedral）。教堂以白石筑成，始建于 1158 年，仿照了彼时基辅的拜占庭式教堂风格。和那个时期的大多数教堂一样，这座教堂内部色调幽暗，显得十分古朴。

“这里的神圣地位不可替代。”教堂讲解员安娜对我如是道。这座俄罗斯现存最古老的教堂内，存放着伟大统帅和政治家亚历山大·涅夫斯基（Alexander Nevsky）最初的圣棺。1242 年的冰湖之战中，亚历山大领导罗斯军队战胜了日耳曼人的骑士团，他本人也成为俄罗斯历史上的伟人。1252 年起他成为弗拉基米尔大公，直至 1263 年逝世。半个多世纪后，他被彼得大帝追封为“俄罗斯英雄”，遗体也随之移葬至圣彼得堡，但人们至今依然会朝着他曾经的圣棺虔敬行礼。

除了圣棺，令这座教堂享誉世界的还有一幅堪称“国宝”的圣像画——《最后的审判》。这幅绘于 1408 年的壁画色调偏暗，人物造型拙朴而又神态各异，创作者是安德烈·卢布廖夫（Andrei Rublyov）和丹尼尔·乔尔内（Daniil Chyorny）。出生于弗拉基米尔的安德烈·卢布廖夫堪称俄罗斯历史上最负盛名的圣像画家，他为信仰而求索的曲折人生——包括创作《最后的审判》的经历——曾在 20 世纪 60 年代被苏联导演塔可夫斯基搬上银幕，从此影史上留下了一部个人史与民族史相融合的经典杰作。

莫斯科大道的另一端便是金门（Golden Gate）。12 世纪中叶，安德烈·博戈柳布斯基大公（Prince Andrei Bogolyubsky；1157 ~ 1174 年在位）仿照基辅城门，在弗拉基米尔建造多处城门及防御工事，而今唯有这座金门残存于世。一眼看去，这扇白色城门并不如其名般金光灿灿，反倒显得极为朴素。大门两侧有高高的土堆，即当年的城墙遗迹。若沿着狭窄的楼道登临城墙上的塔楼，可以欣赏军事博物馆内陈列的古代军械。更吸引我的则是以声光效果展示的 1238 年蒙古军攻打弗拉基米尔的场景——在一片厮杀声中，弗拉基米尔城火光熊熊。

弗拉基米尔近郊的博戈柳博沃镇（Bogolyubovo，意为“上帝喜爱之地”）也值得一去。1158 ~ 1165 年，安德烈·博戈柳布斯基大公在此建造了一座宫殿。如今，宫殿的遗迹藏身在一座 18 世纪修道院中。遗迹包括一座古老的白色塔楼，当年就是在这座塔楼的台阶上，安德烈大公遭到贵族反对派刺杀，正可谓英雄末路。

从宫殿遗址出发，跨过一条铁路，再沿着一片原野内的土路走上一

○ 位于莫斯科大道西端的金门前车来车往

安德烈大公与弗拉基米尔公国

12 世纪，以基辅为中心的东欧君主制国家基辅罗斯（简称罗斯）已分裂为许多独立公国。其中偏居东北边疆的罗斯托夫—苏兹达尔公国实力发展迅猛，使得整个罗斯的统治中心逐渐发生了位移。

1157 年，安德烈·博戈柳布斯基继任罗斯托夫—苏兹达尔公国的统治者。据说有一日，当他旅行经过弗拉基米尔时，他的马不愿再前进一步。或许是冥冥之中感到天意，安德烈于是把首都由苏兹达尔迁往 30 公里以外的弗拉基米尔。

安德烈大公从欧洲各国请来最好的建筑师，融合西欧和基辅罗斯的传统，打造了弗拉基米尔城。以此为基地，他大展宏图，于 1169 年一举攻占基辅。由此弗拉基米尔公国成为罗斯诸公国的最强者，而弗拉基米尔大公也逐渐取代基辅大公，成为罗斯王公之首的称号。弗拉基米尔则成为事实上的首都，直到 13 世纪金帐汗国统治罗斯时期，权力中心转移到莫斯科后，弗拉基米尔的地位才下降。

会儿，就能来到颇受欢迎的涅尔河代祷教堂。据说安德烈大公在爱子伊贾斯拉夫战死沙场后，便建造了这所教堂以作纪念。原野中，教堂孤零零地坐落在水边，有着简约和落寞之美。其孤独风格独树一帜，因此经常出现于各大杂志封面。

苏兹达尔：童话田园

1864 年西伯利亚大铁路绕过了苏兹达尔，使得这片曾经的龙兴之地逐渐被 20 世纪的滚滚浪潮所遗忘。不过苏兹达尔倒也因“祸”得福——由于没有工商业的侵扰（也避开了战火的摧残），这里保留着一两百年前的宁静面貌，城内坐落着成片的古建筑群。河流蜿蜒穿过草地，两岸是可爱的小木屋和穹顶泛着金色光芒的教堂……俨然是座“童话小镇”。

站在青石铺就的贸易广场（Torgovaya Ploshchard），周身环绕着仿佛来自 19 世纪的生活气息。众多摆满当地手工艺品和农产品的商铺中间，还有扎着头巾的大娘在售卖自制食品。我尝了一些苹果馅和土豆馅

○ 木造民居外闲坐的村民

的饼，最爱的则是蜂蜜酒——虽然蜂蜜酒在俄罗斯很多地方都出产，但是大娘告诉我："这里的蜂蜜酒才是最好的。"这酒甘甜可口，几乎感觉不到酒精度数，不过喝多了倒也会觉得微醺。

古老乡村的生活情趣，在卡缅卡河畔的木造建筑与农民生活博物馆也有着全面的体现。这里的木造建筑大部分建于 18 世纪，1960 年后从弗拉基米尔境内各个村庄陆续迁移至此。教堂、农舍、水井、风车磨坊……古朴的建筑组成油画般的景致，带领人们重返昔日时光。

除了童话般的田园风景，苏兹达尔的文化古迹也值得探访。与木造建筑博物馆隔河而望的，就是苏兹达尔的中心——自公元 10 世纪起屹立至今的苏兹达尔克里姆林宫（Kremlin）。虽然也叫克宫，但它比不上莫斯科同名建筑的气派。宫外环绕着一圈土堆，那是当年城墙的基座，如今已是芳草萋萋。宫内有建于 13 世纪 20 年代的圣母圣诞大教堂，其蓝色圆顶镶嵌着黄金，还有 13 世纪和 17 世纪的壁画，以及门上的 13 世纪铜镀金装饰。宫内的大主教府如今则被开辟为苏兹达尔历史博物馆。

星罗棋布的修道院同样是这座小城的骄傲。贸易广场附近，圣袍修道院黄白相间的钟塔是苏兹达尔最高的建筑，其红白相间的圣门则像两个三角帐篷，颇为别致。再往北不远，经过据传由亚历山大·涅夫斯基于 1240 年建成的亚历山大修道院后，便能抵达一座雄伟的城堡——叶辅米罗夫救世主修道院（Saviour Monastery of St Euthymius）。这座苏兹达尔规模最大的修道院建于 14 世纪，曾是苏兹达尔北部的防御屏障。16 ~ 17 世纪，瓦西里三世、伊凡雷帝和贵族波扎尔斯基家族又资助增建石砌围墙以增加防御能力，所以一眼看去这里的院墙很有厚重感。修道院内的圣母领报门楼教堂里有关于俄军将领德米特里·波扎尔斯基（Dmitry Pozharsky）的展览——1612 年，正是他领导俄军将波兰侵略者赶出了莫斯科，而他的墓地就位于有 7 个圆屋顶的主显圣容教堂附近。

最令我关注的则是位于建筑群北端的修道院监狱。监狱建于 1764 年，当年是为关押宗教异端而建，苏联时期关过政治犯，卫国战争时期还关过德军战俘。现在这里有关于修道院监狱历史的展览。我在其中一张照片上发现了德军元帅弗里德里希·保卢斯。这位斯大林格勒战役德军的指挥者，被俘后被关押在这里一年，不过受到了优待，而他手下的德国小兵们则不得不服各种苦役。

隔着卡缅卡河，坐落着苏兹达尔的另一处建筑典范——绿荫环抱的神圣代祷女修道院（Holy Intercession Convent）。它建于 1364 年，当年被用来流放失宠于沙皇的皇后，其中就包括瓦西里三世的第一任皇后所罗门妮娅·萨布洛娃（Solomonia Saburova）。16 世纪 20 年代，她被认为患有不孕症而被流放至此。不过传闻这位落魄的前皇后最后在苏兹达尔产下一名男婴，但因为担心儿子卷入黑暗的王位竞争，她宣称孩子生下来就已死去，还举办了一场假葬礼。传言在 1934 年基本得到了证实：考古人员在代祷大教堂地下室的所罗门妮娅墓穴旁打开了一个 16 世纪的小墓穴，发现一件镶嵌着珍珠的丝绸衬衫，但没有发现骨骸。而那位小王子的最终下落，看来是被所罗门妮娅作为秘密永远带走了。

○ 苏兹达尔的中心克里姆林宫

72小时深入卡塔尔

文○珞宁
图○珞宁、视觉中国

从哈马德机场前往多哈市区，
一路上房屋、轿车、男士的衣着，
清一色的白，装点了蒙蒙亮的清晨。
车窗外，波斯湾的海水碧蓝中透着绿，
像是猫的眼睛。
当地人说，这是波斯湾特有的颜色。
此刻的滨海大道已然拥堵不堪。
我瞟了眼手表——6点半。
卡塔尔的工作时间是从早上7点到下午1点，
看来我们加入了多哈的早高峰。

○ 沙漠中着白袍子的男子

0 ~ 12小时
第1站：沙漠内海

卡塔尔的国土面积大约是一个天津市的大小，其中大半为沙漠。卡塔尔半岛三面环海，海岸线足有550公里，造就了独特的沙漠景观——“沙漠内海（Inland Sea）”，这里当属最美的海滩。

从多哈市区驱车40分钟就到了沙漠的边缘。成群的骆驼、大片的方块帐篷和戴着眼罩栖息在木头上的鹰隼构成了这里的景点画风。花上340卡币（卡塔尔货币为卡塔尔里亚尔）就可以拥有一段沙漠孤星似的驼背漫游、穿越沙漠的吉普之旅和一顿内海午餐。坐上沙漠吉普车，穿越梭梭树群和峭壁式的风沙雕塑，左右并行的是一望无际的海岸线和沙漠。

沙漠里的老司机们最爱的把戏是冲沙，从 30° 的缓坡到 70° 的陡坡不等。车速的快慢只取决于你的贝都因司机有多调皮——有时车速之快让你甚至还来不及尖叫就已经滑完了全程；有时车速降至 5 码，车身似乎就要翻转，让人怀疑自己上了一辆老年代步车。

腾风驾沙到了内海——卡塔尔的最南端，对岸影影绰绰的山丘就是沙特阿拉伯。在这片阳光耀眼、沙细如棉的海滩，有人潜水，有人游泳，有人在 BBQ，还有人在放风筝……性感的西班牙女郎和只露出一双眼睛的伊斯兰少妇比邻而坐，穿着白袍子的男人们排成一行，坐在沙滩椅上吹牛、钓鱼。

海岸边还有几座规模较大的沙漠营地。其中五星级配置的帐篷套房和私人海滩，可谓赚足眼球。如果在海滩烧烤，或许还能招来沙漠里的小动物共享美食。

○ 入夜后的伊斯兰艺术博物馆

12 ~ 24 小时
第 2 站：孤岛上的艺术城堡

在多哈的滨海区域，最惹人瞩目的定是那片伸出海湾的孤岛，以及路的尽头那座净白圣洁的“城堡”。城堡的正面既似一位戴着面纱的伊斯兰少女，也如穿着铠甲的庄严卫士。那是贝聿铭91岁时的封山之作——伊斯兰艺术博物馆（Museum of Islamic Art，简称 MIA）。贝聿铭说，这是他从事过的最困难的工作之一：伊斯兰文化丰富多样，地域范围从伊比利亚到莫卧儿帝国，再到中国以至更远。寻找伊斯兰建筑的精髓成了挑战的题眼，为此贝聿铭踏遍了半个地球寻找答案。

最终，在突尼斯，那些建于公元 8 世纪、9 世纪的堡垒，成为他眼中最接近伊斯兰建筑本质的表达。在他看来，那些华美繁复的尚不能代表伊斯兰，反而是位于沙漠中庄重简洁、在阳光下孑然复苏的，才是伊斯兰建筑设计的硬核。

从沙漠返回市区，抵达博物馆时已近日落。通往博物馆的步道边，热带的阳光泻于海面，拉出长长的光影。洁白的城堡渐渐变为金黄。岸上的游人不约而同静了下来，俯在栏杆边或坐在草地上，仿佛虔诚等待着一个神圣时刻。而博物馆内，极简的几何图案、拱形的传统阿拉伯窗、中庭偌大的银色穹顶在余晖中熠熠发光，高贯 4 层楼的玻璃幕墙外，一片碧海金帆。

这座博物馆全面展示了伊斯兰艺术，在它的背后，除了大师贝聿铭和卡塔尔两位国王，还有一位更重要的人物——被《福布斯》称为“最无可争议的艺术界女王”——玛雅莎公主，她每年用于购买艺术品的预算高达 10 亿美元。

作为前任国王的女儿、现任国王的妹妹，玛雅莎希望“让艺术改变卡塔尔”，或许她的雄心早已大过了古根海姆博物馆之于毕尔巴鄂。她试图以卡塔尔王室的雄厚财力，改变新世界格局中卡塔尔的基因。

24 ~ 48 小时
第 3 站：海上阿拉伯船宴和游牧人的市集

多哈东岸的码头停满了旧时用于采珠的木制帆船。在卡塔尔数千年的历史中，采珠一直是当地人致富的手段。然而，1930 年，当日本研制出了更为廉价且形态、色泽均可被掌控的人造珍珠时，卡塔尔仿佛一夜之间变得穷困潦倒。人们穷到甚至再没有钱去买好的布料、衣物。据说，阿拉伯男人们那帅气迷人的白袍子，就源自当时大批废弃的白船帆，也不知是否为戏谈。

如今恐怕再不可能见到戴着粗糙的鼻甲潜入水下十几米的采珠人，但旅行者们仍能在码头包下这类帆船出海。顺着海岸线开 2 ~ 3 小时至海湾深处，船主和水手们会随着喧闹的阿拉伯舞曲，为客人们烹饪一顿地道的阿拉伯餐——香气四溢的烤肉，手抓饼配鹰嘴豆泥，还有红、黄两种颜色的咖喱饭。海风拂面，CBD 的繁华已成了可有可无的背景。

从码头上岸不远，就是 150 多年的老市集——瓦其夫市集（Souq Waqif）。这个市集早在游牧时代就已有雏形，它地处多哈半岛的避风港湾，成为来自东西南北的人交换货物的绝佳之选。人们在换得自己所需后不再停留，“Waqif（站着）”的名字也由此而来。

在市集里，随处可见白发苍苍、身躯佝偻的老者，推着翻斗车来回运货。当地人说，他们不是卡塔尔人，国王担忧他们毫无收入而陷入极度困苦，于是提供了这份救济工作——卡塔尔人时常会把国王挂在嘴旁。他们的确非常崇敬国王，从摩天大楼上的巨幅海报、路边商店和汽车上

○ 瓦其夫市集内的商贩正在制作香料

的招贴牌、菜市场常年展示的横幅，再到电视、手机壳，随处都是国王的头像，甚至连生日蛋糕都要做国王定制款。

在市集中心，还有一处古朴的茶馆，欢迎任何人进店休息或下一盘Dama——一种古老的棋类游戏。过去在采珍珠休憩时，人们会下 Dama 打发时间。一盘只需要十多分钟。随着时移世易，年轻人渐渐遗忘了卡塔尔的历史，所以政府在市集里修了这间茶馆，让大家能在日常生活中感受传统。

市集里还有一家大型的鹰隼店，贩售着鹰隼这种阿拉伯国家热衷的宠物。数十只鹰隼栖在木头上，小脑袋上的眼罩使它们不会因往来人群而躁动不安。就在这家店旁边，还有一家专门的鹰隼医院。在卡塔尔男人的生活中，鹰隼甚至像妻子一般，它的喜怒哀乐、衣食冷暖都由主人小心呵护。

48 ~ 60 小时
第 4 站：波斯湾里的“马尔代夫”

在距离多哈东岸 11 公里处有一座 13 公顷大小的独立小岛，从天空俯瞰，状如一弯饱满的香蕉，因而直名“香蕉岛”。这是一座由卡塔尔人精心打造的波斯湾版“马尔代夫”，是多哈唯一拥有水上别墅的酒店度假村。荒无人烟、生命迹象匮乏的沙漠和生机勃勃、风情浪漫的海岛相依共存，大概是小小的卡塔尔最精妙的魅力。

去往海岛的渡轮停泊在距离 MIA 不远处。游客可以在香蕉岛的专属码头预订一个周末的烤太阳之旅，或者享受一顿 200 卡币的海滩景色自助餐。岛上的娱乐项目从浪漫的海钓、高尔夫、夕阳游船，到节奏轻松的皮划艇、脚踏船、单桨滑板冲浪，再到动感十足的水上滑板、水橇和喷气水上摩托，应有尽有。

60 ~ 72 小时
第 5 站：“从叙利亚搬回的一套房子”

萨尔·本·卡西姆·阿勒萨尼酋长博物馆（The Sheikh Faisal Bin Qassim Al Thani Museum）的私人馆藏，与博物馆名字的长度一样让人惊叹。

费萨尔亲王是博物馆的主人，也是中东最有影响力的商业领袖之一，他将 15,000 多件全球珍稀的藏品收入馆中。这里有各式各样的奔驰经典老爷车、各种大小的采珠船、一室的地毯和名贵刺绣、重要的历史物件、无数兵器、古印度的马车、巨大或袖珍的《古兰经》……令人最为瞠目的，就是从叙利亚搬回的一整套房子，在逐块拆卸后，用整架飞机运回了卡塔尔，连围墙和庭院也没落下。走在这密密匝匝的藏品之间，犹如潜入了一个庞大的人类学研究室。这个历史与时空盘根错节的地方，谱写着一部跨越十几个世纪的人类史诗。

离酋长博物馆不远的卡塔拉文化村如同一座卡塔尔的文化艺术基地，集众多画廊、歌剧院、音乐厅、博物馆、古罗马式露天环形剧场、文化创意市集还有一座极其精美的清真寺于一体，把传统的阿拉伯文化很好地融入了现代人的艺术生活。

文化村内宽阔的环形剧场，结合了古希腊和阿拉伯式的建筑风格。白日里，面朝海岸、阳光充沛的舞台中央，是拍私人大片的首选之地。这里还不时举办世界级的演出，面向公众免费开放。

○ 酋长博物馆中，整套叙利亚房屋中的天花板一角

流连在基辅的不同『切面』间

文◎多布
图◎多布、视觉中国

从基辅罗斯公国开始，
得天独厚的地理位置决定了基辅
把东欧与古老东方、拜占庭和欧洲拉丁语地区联结并碰撞在一起。
而作为东斯拉夫人建立的最古老城市，
它一直在独立和隐忍中散发着宁静的美。

◎20世纪70年代苏联在切尔诺贝利附近布置的当时世界上最强的超视距警戒雷达系统

罗斯，众城之母

从基辅鲍里斯波尔国际机场前往市区的路，是直观认识这座陌生城市的通常途径。马路两边闪过的蓝黄相间的乌克兰国旗格外亮眼：蓝色代表天空和海洋，象征自由和主权；黄色则代表金色的麦田，象征乌克兰以农立国。

大巴从一片旷野开到散落的林区，穿过林区之后，方正又略显萧瑟的混凝土建筑就多了起来。等到接近市区，建筑墙体上时髦而前卫的涂鸦出现的频率明显高了起来。驶过横跨第聂伯河上的大桥进入闹市区，古旧而庄重的教堂不时闪现，吸引着我们的目光。

基辅始建于6世纪末，300多年后，以这里为首都的“基辅罗斯”成为当时欧洲最大国。基辅在此时进入全盛时期，被称为第聂伯河上的“帝王之城”，东斯拉夫文化正是从这里传播开去。

旧时代里，和平与繁荣总是昙花一现，接下来的近千年内，基辅被来自东方与西方的大国撕扯。乌克兰、俄罗斯和白俄罗斯从基辅罗斯分裂开去，又在苏联时合体，后来再次割裂。基辅某种程度上是三国的“共同祖源”，而俄罗斯人更对基辅充满眷恋，所以这里才有了“俄罗斯众城之母”的美誉。

不管怎样，基辅顽强地在战争和革命中幸存了下来，历史的车轮在这座城市里留下处处印迹。在古代基辅城的正门——金门（Golden Gate），我看到了雅罗斯拉夫大公执掌基辅罗斯时期的辉煌和荣光；在矗立第聂伯河右岸的卫国战争纪念馆，呈现在我面前的是一部苏联卫国战争的历史画卷，每一笔都写满了泪水和战争的残酷；在市中心的独立广场，一砖一瓦都低吟着乌克兰独立、橙色革命等数次大事件的冰与火之歌……

○ 基辅的历史地标金门

教堂里的弥撒歌声

作为欧洲地理中心和斯拉夫民族历史最悠久的城市之一，不论白天或黑夜，不论温暖或冷冽，基辅街头随便一个角落，都能唤醒摄影师的多巴胺和肾上腺素。教堂更是最精彩的拍摄地——它们是联系整座城市历史和现实的纽带。

圣索菲亚大教堂（St. Sophia's Cathedral）、彼切尔洞窟修道院（Church of the Saviour at Berestove）、圣米迦勒金顶修道院（St. Michael's Golden–Domed Monastery）、圣安德烈教堂（St. Andrew' s Church）、圣弗拉基米尔大教堂（St. Volodymyr's Cathedral）……我和同伴穿梭在基辅的街巷中，找寻着一个又一个的教堂。

独立广场向西不远的圣索菲亚大教堂是基辅人的圣地。教堂的名字听着有点耳熟，这座拜占庭风格的东正教堂，是乌克兰人心目中的伟大君主雅罗斯拉夫比照着伊斯坦布尔的圣索菲亚大教堂而设计的，象征着“新君士坦丁堡”。步入教堂大门，光线和气场瞬间发生了微妙的变化，抬头望去，巨大的穹顶是精神的天之象征，一切可见的和不可见的都在上帝的庇护之下，平静和敬畏之感从心底油然而生。

教堂内的墙壁上，十字架的纹饰和《圣经》故事壁画随处可见。定睛看去，有些精美的壁画用马赛克镶嵌拼贴而成，人物五官细致入微，神情栩栩如生。东正教认为“圣像是感觉的窗户”，能让信仰者一瞥神性的实在。

教堂内部严格禁止拍照。分散在教堂各处的工作人员眼神犀利，紧盯着每一位挂着相机的旅行者，把我仅存的一丝拍照念头也彻底扼杀在了摇篮里。顺着台阶走上二楼，眼前是一幅绝美的画面：拱形的门廊下，一位姑娘正在虔诚地面对圣像祈祷，氛围和光线堪称完美。

圣索菲亚大教堂奇迹般地躲过了“二战”的炮火，但在苏联时期，却险遭拆毁之灾。幸亏一群历史学者建议将它改建为博物馆，教堂和古老的壁画才因此得以留存。相比而言，1110 年前后修建的圣米迦勒金顶修道院就没这么好运了，20 世纪 30 年代没能逃过强拆，直到苏联解体后才得以重建。

但圣米迦勒金顶修道院的气场并没有被当年的甘油炸药炸毁，走进复建的教堂，人们肃穆而立，默默做着忏悔和祈祷；一位姑娘正在用手绢擦拭圣像，泫泪欲滴；祭司们做弥撒的歌声具有穿透性的魔力，让我们这些并无信仰的外来旅行者也瞬间入定。

公元 988 年，开创了基辅罗斯公国黄金时代的弗拉基米尔大公把东正教引入基辅罗斯。因为传播《圣经》福音的需要，保加利亚裔神父基里尔创造的文字被带入这里，形成了基辅罗斯统一的文字。为传教而兴起的修道院成为藏书编书的文化中心，更别提还有拜占庭教堂建筑艺术、教堂绘画和音乐的滋养，所有这些都成为基辅罗斯人文学艺术的基础。

东正教的种子在此扎根、成长、开花、结果，最大的有型“果实”无疑是基辅的另一处世界文化遗产——彼切尔洞窟修道院。金碧辉煌的内饰、精美绝伦的壁画、欧洲最高的钟楼、保存完好的教士木乃伊、不同主题的博物馆……在这里，如果没有留足一整天的游览时间，一定让你纠结到抓狂。

○ 圣索菲亚大教堂

被封印的失乐园——切尔诺贝利

来到乌克兰，最绕不开的故事一定是切尔诺贝利核爆炸事件（Chernobyl nuclear explosion）。“切尔诺贝利”这个词总让人觉得那么遥远和失真，似乎只存在于惊悚的纪录片之中。

清晨 8 点，第聂伯河上的船还亮着灯，天刚蒙蒙亮。冬日里的白天宝贵而稀缺，所以得赶早乘车出发前往切尔诺贝利。从基辅出发北上，差不多 2 个多小时后抵达。随着车子越来越靠近切尔诺贝利，路边积雪的浓密树林里可以看到越来越多荒弃多年的房屋，末日感十足。

切尔诺贝利核电站 30 公里核心禁区（Chernobyl Exclusion Zone）严格限制人员进入，在哨卡前我们必须停车接受安检，守卫的军人会按照之前旅行公司递交的名单仔细核对我们的护照。这不算完，最后还要签署一份俄文的声明才能放行，大意是要严格服从隔离区的规定，要身着长衣长裤，不要触碰隔离区里的任何物品，除了双脚之外，身体其他部分也不要与地面或草木建筑有任何接触……

“There is a crack in everything，that’s how the light gets in（万物皆有裂痕，那是光照进来的地方）”——但 Leonard Cohen 这著名的歌词，放在切尔诺贝利却完全不适用。1986 年 4 月 26 日凌晨的那一声巨响后，60 万苏联“清理人”付出巨大代价，用半年多时间赶制出钢筋混凝土的“石棺”，以封闭爆炸的四号反应堆，抑制辐射物外泄。当时“石棺”的设计使用年限为 20 ~ 30 年，不过自从 20 世纪 90 年代初它便不断出现裂缝——裂缝不再是阳光得以照进来的地方，而是约 200 吨核废料产生的可怕核辐射可以渗漏出去的地方。

庆幸的是，那些裂缝现在已不再是问题——2016 年，由 28 个国家出资援建的“金钟罩”（一个拱形钢筋混凝土结构的外壳）正式封顶，大小与巴黎圣母院相当的新保护罩将四号反应堆和之前的“石棺”紧紧包裹在下面，切尔诺贝利附近地区在 100 年内将不会再受到核辐射威胁。

核辐射看不见摸不着，但可以被“听”到。从进入切尔诺贝利 30 公里范围开始，导游手里就攥着测量核辐射的盖革计数器，不时查看上面的数据。只要超过 3 微西弗每小时，仪器就会发出刺耳的蜂鸣声，数值越高，蜂鸣声越大越密集。

在隔离区行进的一段路上，我们就听到了这惊悚的蜂鸣声，数值从 0.7 跳升到最高 6.3，当时车里瞬间安静，气氛也凝重起来，后背能感觉到司

○ 杜加 3 号雷达站的大门，当年这里也是绝密的军事重地

切尔诺贝利

切尔诺贝利（Chernobyl）在乌克兰语里意为“切尔诺伯格（Chernobog）”的居所，而在斯拉夫神话中，切尔诺伯格是执掌黑暗、夜晚、疾病与死亡的黑暗之神。冥冥之中，竟一语成谶。

机猛踩了一脚油门。等开过那一段几十米的路，数值又立刻恢复到了 1 以下，等我们来到覆盖着“金钟罩”的四号反应堆面前，实测出的辐射量徘徊在 0.9 ~ 1.2 微西弗每小时。

这是什么概念呢？当我们乘坐客机的时候，飞行高度处于 3 万英尺（约 9144 米）时，辐射量就已经有 2 微西弗每小时了。也就是说，在这里待上一整天所受到的辐射剂量并不比坐一次越洋飞机更多。当然，这不是说在隔离区里就可以畅通无阻了，哪里可以去，哪里不能涉足，必须严格听从向导的安排。

隔离区里的普里皮亚季（Pripyat），是当年核电站工人和家属生活居住的地方，1970 年修建时被赞为苏联城市规划的成功典范，简朴的混凝土风格建筑上是色彩艳丽的壁画和口号。森林里散落的建筑有学校、医院、酒店、游泳池、游乐场、歌剧院、超市、体育场，一个城市应该具备的一切元素这里都曾拥有。

“腐败博物馆”——苍天饶过谁

腐败博物馆位于市郊的梅日戈尔耶镇（Mezhigorya），从城中心开车 40 分钟就到了。这里其实是流亡俄罗斯的乌克兰前总统亚努科维奇（Viktor Yanukovich）的豪华庄园。早在 80 多年前，当时的苏联政府便看上了第聂伯河畔这块景致绝佳的森林高地，开始在这里修建领导人别墅，但性质始终归于国有。直到后来亚努科维奇执政时期，才通过各种手段把庄园变成了他的个人私产。

售票处的姑娘提醒我，最好再买张电瓶车票，因为这个“博物馆”实在是太大了——庄园占地 137 公顷，大小快赶上摩纳哥的国土面积了。

坐着电瓶车，用将近 1 个小时粗略地环绕着这个建造于第聂伯河岸密林间的庄园转了一圈。庄园里面设施完备而奢靡：直升机停机坪、动物园、人工湖、高尔夫球场、奶牛场、游艇、别墅、码头以及大片的园林……应有尽有，宛如一个独立的帝国。

亚努科维奇当政时，除了他极少数的亲友和同党，几乎没有人造访过这座神秘的庄园。人们只能通过卫星照片看到庄园里有高尔夫球场和停机坪。多年来，许多记者一直尝试潜入，但都以失败告终，甚至还有人因此被痛殴。

落满积雪的庄园里，野鸭和天鹅在湖面游弋嬉戏，路边和建筑旁边点缀着一些古典雕塑，平静的湖面飘荡着一艘假海盗船……看上去如此祥和静谧的场景只是这个庄园的表象，亚努科维奇的府邸里有的是名贵的油画、镀金的马桶、重达 2 公斤的纯金面包和名贵的老爷车藏品，然而他的年薪只有不足 10 万美元！

亚努科维奇的私人车库收藏着几乎苏联时期的所有豪车：吉尔、海鸥、吉姆和伏尔加，几乎囊括全套的苏联轻型轿车、吉普车和载重车。除此之外，亚努科维奇父子还收藏了德国霍希、1934 年产的福特、1950 年产的劳斯莱斯和宾利等名车，总价超过 1500 万美元。

○ 落跑总统亚努科维奇的美式风格别墅，屋内陈设奢靡之极

不过“好日子”在2014年2月21日画上了休止符。那天晚上，知道自己大势已去的亚努科维奇和他的随从乘坐直升机从这个庄园悄然逃走。乌克兰议会于第2天解除了他的总统职务，几周后，乌克兰内务部、总检察院和国家安全局以“滥用职权并参与屠杀基辅独立广场的抗议者”为由向国际刑警组织提出全球通缉亚努科维奇的要求。

自从他逃亡俄罗斯之后，这座豪华庄园便曝光于世，成为今天我们看到的“腐败博物馆”。这座阳光与白雪包裹的素净庄园里，走在我身旁的游客是牵着雪橇带着孩子的一对年轻夫妇，他们显然是把这里当作公园来逛的，而雪橇上的小朋友，肯定还无法明白这里曾发生过的那些荒诞故事。

伏特加，读懂乌克兰的捷径

相比美食，我对美酒的兴趣要更大一些，以至于当我回想起曾经去过的地方，都能瞬间记起那里的酒和藏在酒里面的故事。在基辅，肯定是伏特加。追根溯源的话，伏特加源于波兰，兴于沙俄，而乌克兰在历史上曾先后被这两个邻居统治，而且一直位居全球消费伏特加最多的前三名之一（另两个是俄罗斯和美国）。

在基辅的最后一晚，当地老饕 Vitaliy 带着我们在第聂伯河畔的餐厅吃晚饭。刚落座，服务生就先端上一打调制伏特加酒，无论颜色和口感都令人食欲大增。在这里，点菜还好说，让人纠结的是不知道该点什么酒，毕竟他们家有着好几面墙的不同口味和品牌的伏特加，不晓得来多少趟才能喝满一轮。

○ 正在调酒的服务生

○ 餐前饮用的调制伏特加酒

推杯换盏间，我忍不住好奇，跟 Vitaliy 打听了乌克兰人的酒量，他的回答很特别——“一瓶刚好，两瓶太多，三瓶不够”。就是说，如果 3 个乌克兰人喝一瓶伏特加，那这个量刚好，喝完浑身热乎正好出门工作；如果喝到两瓶就太多了，已经有醉态没法上班了；但如果喝到第 3 瓶，因为已经彻底喝高，所以还得再整几瓶直到烂醉。

酒兴上来了，Vitaliy 也主动跟我们聊起了基辅人喝酒的讲究。第一杯叫作“迎宾杯”，按规矩主人要起身向客人祝酒，说些表达美好愿景的祝酒词。祝酒词讲完，男士们得站起来一饮而尽，女士们坐着喝就可以，而且喝多喝少随意。

下一轮再换其他人来讲祝酒词，酒桌上通常还会指定在座其中一位来负责给大伙斟酒，如果有人感觉这酒喝得不痛快，就可以提出更换斟酒人。因为他们觉得斟酒人的情绪，不论是高兴或者忧愁，都会随着酒一起被倒入杯中，然后传递给其他喝酒的人。

酒局的最后一杯叫作“骑马杯”。因为乌克兰人过去都是骑着马去酒馆喝酒，等喝高了准备回家的时候，会最后再端上一杯酒，走出酒馆一仰脖灌下去，借着这股劲才能上马，所以才得名“骑马杯”。

那一晚，从“迎宾杯”到“骑马杯”，我们一共喝了 5 轮。第一轮服务生端上来的是用辣根泡的伏特加，喝起来有种辛辣但又清新怡人的味道。后几轮则分别用蜂蜜、树莓、桑葚等调和，每一杯都有着丰富的口感和色泽味道上的微妙差别。

越是属“灵”且珍贵的东西，也越没有道理可讲，比如突如其来的爱情、莫名打动你的音乐、像子弹一样击中你的画作；而酒，则是世间粮食和果实的灵魂，比如此刻我们面前的这杯伏特加……

○ 丝织工人壁画，它是红十字山的地标之一

里昂：另一种法国

文○张小电
图○张小电、视觉中国

巴黎几乎夺走了法兰西全部城市的光辉，
以至于里昂到底是法国第二还是第三大城市，
并没有太多人会去留意。
里昂不同于巴黎，
它靠产业致富，
从两千年前的古罗马建筑和中世纪老城区，
到保留了手工业气息的红十字山，
再到隐藏于街巷中的壁画与土菜馆……
处处散发出一种实用主义的特质。

山上的古罗马遗迹

公元前 43 年，罗马人在富尔维耶尔山顶建造了一座繁盛的城邦，将其命名为鲁格敦乌(Lugdunum)。两千年过去了，鲁格敦乌已改名为里昂，而罗马帝国虚虚实实的历史在这里依然举目可见。如今，面向索恩河的山坡上保留着一些当时的城市建筑遗迹，它们默默炫耀着当年的罗马式生活享受：在浴场洗澡放松，之后去剧场饮酒作乐。

其中两座一大一小并列的扇形古罗马剧场不仅结构保存得颇为完整，且仍然在履行它们最初的城市公共空间职能：每年 6 月和 7 月都会在剧场原址内举办富尔维耶尔之夜，众多音乐、歌剧、舞蹈和戏剧几乎每晚都会上演。活动举办期间，剧场会被暂时围挡起来，而平日里则向公众免费开放。剧场内，参观的游人们对着石阶狂按快门；剧场外，本地上班族们每天踏着两千年前罗马奴隶们拖来的长条石筑成的路面，奔向缆车站下山去工作。

位于大剧场北侧的是高卢－罗马博物馆，这座建成于 1975 年的博物馆除了第一层建在山顶，往下 4 层都藏在山体里，近乎隐形地保护了周围街区的古典景观，即便你站在高处俯瞰，也很难发现它。在坡面有两扇大落地窗，它们在提供采光的同时，也将剧场“陈列”进博物馆中。

从入口旋梯处进入博物馆，只见螺旋下降的步道两旁精彩不断：雕刻着凯尔特高卢语的青铜日历牌，代表鲁格敦乌政治地位的克劳狄演讲青铜铭文版，标志着地中海周边繁荣贸易的储酒罐，以及连接阴阳两个世界的墓碑和陪葬品等。过道上还有一块巨大的马赛克镶嵌画，让访客能像两千年前的鲁格敦乌高卢人一样踏过屋宅中的华丽地板。

离开博物馆，顺着门前的路往山坡上走，就能看见拜占庭禁欲风格的圣母教堂（Basilique Notre Dame de Fourv è ire）。这座光明洁白的建筑立于城市的制高点，也是里昂的城市象征之一。从教堂完工的 19 世纪开始，每年 12 月 8 日圣母无染原罪节，除了在教堂举行庆典，里昂居民也自发在家中的窗台上点燃烛光向富尔维耶尔圣母表示感谢和敬意。这个宗教节日如今演变成了世俗狂欢的里昂灯光节，而不管是出于信仰还是习俗，许多里昂居民仍会在窗外点上一排蜡烛，光影彻夜摇曳点亮城市的精神。

踏入中世纪老城

里昂老城沿富尔维耶尔圣母教堂下方的索恩河西岸延展开，这里在罗马帝国末期已有雏形，之后逐渐成为“罗讷河—地中海”这条历史航线上的贸易商栈集合点，随着 16 世纪的丝绸业发展而进入巅峰时期。

如今在里昂老城内漫步，特别是在游人不多的清晨和夜晚，很容易产生出“一脚踏进中世纪”的错觉。石板小街两侧分列有带玻璃橱窗和复古招牌的商铺，里面大多出售邻近地区的旅游纪念品，比如阿维尼翁的薰衣草和著名的马赛皂等。商铺的上层则是格局紧凑的文艺复兴时期

○ 富尔维耶尔圣母院

建筑，这些建筑现在大多被改造为公寓，一些公寓归市政厅所有，房租不算昂贵，住客多半是本地普通人。

老城内主要有两条南北向的街道，内侧一条叫作 Rue du Boeuf 街，意为“牛路”，得名于街道邻近 Place Neuve Saint-Jean 拐角处壁龛里的一尊牛形雕像。在这条路上，留意东侧建筑上那些总有人穿进穿出的门，如果这扇门旁边有一个盾形标牌，那它很可能就是一条穿梭小径

（Traboule）：古代商人为了节约货运的时间和人力，便在房屋中间修筑了通道，可以直接通向建筑另一侧的街面商铺。而对于现代的游人来说，穿梭小径已经成为里昂老城内一个公开的秘密，他们每日穿梭其间，闯入院内的生活，拍摄漂亮的阳台和楼梯后再离开，当然偶尔也会遭到住户的冷眼。

从“牛路”往东的任何一条巷子都能连接到 Rue Saint Jean 街，这条街得名于南端的圣让大教堂（Cathé drale St-Jean）。这是里昂主教的座堂，同时由于历史上这座城市的重要地位，里昂主教还兼有“高卢主教长”的特殊头衔。里昂灯光节期间，投射在圣让大教堂的圆形花窗和外立面上的灯光瑰丽变幻，是节日的重要闪光点。除了繁复精美的石雕和玻璃彩窗，这座哥特式教堂的一角还有一座 9 米高的天文钟，它是中世纪宝物之一，非常有法兰西趣味的是，每次整点报时都从钟塔尖的公鸡打鸣开始。遗憾的是，这座钟在 2013 年遭到蓄意破坏，破坏分子的理由竟然是“只有毁掉这座华美的钟，教堂里的人们才能专心敬神”。

○ 老城“牛路”上的店铺招牌，绘有里昂传统木偶的形象

徒步红十字山

红十字山与富尔维耶尔山及里昂老城同为联合国教科文组织世界遗产，这里因聚集了大量丝织工坊和工人，在本地民谚里又被称为“劳动之山”，很适合步行游览。从老城区北面的红色吊桥 Passerelle Saint-Vincent 出发，跨过索恩河，经过绘有里昂名人“全家福”的里昂人壁画后，顺着东北方向可以找到里昂第 1 区市政厅，再从市政厅旁边的楼梯向上，往东顺着迂回的缓坡步行上山，一路会经过不少与老城穿梭小径相似的通道——它们是为了方便运输丝织品等货物而修建的。其中名为 Cour des Voraces 的 6 层楼梯甬道让人望而生畏，这里曾在丝织工人的后续起义中作为工人们躲藏和战斗的地方。

穿过甬道来到山顶的平坡后，便到了红十字广场。广场中心的雕像是为纪念来自里昂纺织世家的雅卡尔（Jacquard）而建，他发明了半自动纹板提花织机，但这种高效率的织机导致大量丝织工人失业，这也被认为是 1831 年和 1834 年两次里昂丝织工人起义的诱因之一。从广场出来往西北去，可以看到堪称欧洲最大的丝织工人壁画（Fresque des Canuts），6 层楼高的画面上描绘了贯穿古今的红十字山生活的各种细节，并且仍在添加一些新的元素。

如今红十字山的居民以传统为傲，这个被他们赞美为“村庄”的街区也因此维持着手工小作坊的氛围。一路闲逛时，总能找到数量众多的时髦手工小店。由一群年轻女孩运营的“活着的丝绸”花边工坊（Soierie Vivante），提供用真正的纹板提花织机制作丝带的导览体验，可参观的两个老作坊内保存着大量的提花纹板和花边样本，可以从中一窥百年前的纺织纹样。

体验里昂土菜馆

除了景点，里昂实用主义的精神还体现在当地的饮食文化中。不同于大众印象里精美纤细的法餐，里昂美食的代表其实是一种类似于“家常土菜”概念的料理。里昂人擅长处理动物的内脏，很多菜也是由这些内脏制成的。经营这种家常土菜的餐馆通常叫作 Bouchon，这个词最初可能指软木塞一类的阻碍物，传说是因为古代骑马来的客人可以把马拴在这种小餐馆外，进屋里随意吃喝个饱。

Bouchon 在传统里喜欢用 La Mere（意思是母亲）加姓氏来命名，听起来就像“某某家的妈妈”一般让人感到亲切，宣传片里也经常出现一位慈祥的妈妈主厨手脚麻利地处理一片巨大毛肚的形象。而这一类餐馆的装饰完全不朝精致法餐的高雅华贵风格上靠，而是故意打造成普通人家的厨房和饭厅的样子，不大的餐桌挤在一起，让来吃饭的常客们也有了熟络的近距离社交体验。

当然，Bouchon 也并非上不了大场面的平民料理，号称“法餐教皇”的法国国宝级厨师保罗·博克斯（Paul Bocuse）便是里昂人，他最初是在一家名为 La Mere Brazier 的米其林三星 Bouchon 菜馆帮厨学艺，之后在 20 世纪 60 年代开设的第一家同名餐馆也几乎是一家升级版的田园风情土菜馆。代表里昂 Bouchon 精神的妈妈主厨们似乎也在宣布：豪华不需要用排场来显示，实在的本土美味才是最重要的。

不过随着时代的变迁，Bouchon 也成为里昂的一种典型旅游特色餐。当我想打听一家好吃的土菜馆时，在里昂生活了八十多年的马特龙老先

○ 各式香肠等肉类产品是里昂的特色风味

生诧异而惋惜地对我说：“为什么不直接在超市买回家自己做？”他向我解释，法国各大超市的预加工食物生产链非常发达，只要有煎锅、烤箱、奶酪、黄油和一点调料，就算是新手也能做出有模有样的菜式。而且不只是本地人用这种快捷的方式做家常菜，一部分平价餐馆也同样按这样的套路来烹饪。

想要尝试自己做的话，超市里的鱼肠（Quenelle）和猪油渣（les Grattons）都是方便又好吃的代表菜式。而城里如 Rue des Marronniers 等美食街上的 Bouchon 餐厅，通常会提供用鸡胗做的里昂沙拉和一道主菜：可能是鱼肠，或者是用猪血和洋葱做成的黑血肠（Boudin Noir）。

壁画“冒险”之旅

里昂的魅力，不止隐藏在古罗马遗迹和家常美食里，在这里，你可别忘了关注壁画艺术。里昂素有“壁画之都”的美称，除了市中心经常上镜打卡的那几幅，更远处的街巷中还隐藏着不少让人惊叹的建筑壁画，比如在当地人口中有些危险的第 8 区就值得“冒险”一游。

第 8 区这个带有工业区印痕的社区，同时也是一个巨大的城市露天画廊。20 世纪初，里昂城市面积扩张。在大量工厂聚集的罗讷河右岸地区，著名建筑师 Tony Garnier 在 États-Unis（意即“合众国”）大街沿线为迅速扩大的工人群体设计了一个经济适用的新式居住社区。社区建筑群在 1934 年落成，当时简朴实用的时代美学元素如今看来仍然时髦又复古。1988 年，当对这些 4 层或 6 层单元楼进行翻修时，创意组织 Cité Création 开始创作壁画。这些画作装饰着没有窗户的封闭外立墙面，靠近路边，为单调重复的“经济适用房”带来更多色彩，而这正是里昂城市壁画传统的起源。

社区内有一家开放式的 Tony Garnier 城市壁画博物馆（museeurbaintonygarnier.com），所有的“展品”便是隐藏在这片住宅社区中的壁画。博物馆的前台、20 世纪 30 年代公寓样板间展厅也兼作纪念品商店，不想盲目兜兜转转，可以从这里初步熟悉一下城市壁画，也可以购买一份手册，或者为了方便和安全而参加一个导览团，然后去寻找 25 幅壁画。不知道那些展现建筑师心目中理想城市的设计效果图，如今是否仍然能为这里并不富裕的普通居民带来一份对未来的期待呢？

○ 索恩河畔的里昂图书馆壁画

卢米埃博物馆

邻近壁画区的第 3 区内有著名的卢米埃博物馆（institut-lumiere.org），在实业家卢米埃兄弟的豪宅中展出了大量电影发展初期的古董设备，其中还包括最早的 360° 环幕装置和 3D 影像技术。1895 年的电影《工厂大门》便是在卢米埃家族工厂的入口拍摄的，位置大概在如今博物馆附属电影院的大门口。

苏黎世VS日内瓦——不羁的艺术双城记

文 ○ Lucy Cheung

图 ○ Lucy Cheung、视觉中国

○ 群山围绕之下的苏黎世城景

在瑞士，一条从南到北的语言分界线，
将瑞士人的文化身份分成截然不同的两种。
讲法语的日内瓦人血液里流淌着拉丁的奔放；
说德语的苏黎世人，
则有着近似日耳曼民族的自律。

可是，
不论说什么语言，
这两个城市的人都喜欢聚在一起
吃浓郁的瑞士奶酪火锅，
也各自拥有从工业废墟上发展起来的活力创意街区。

其实，想真正融入瑞士，不一定非要在苏黎世最古老的银行开个账户，或在日内瓦表店豪掷千金。以波希米亚式的漫不经心，深入这两座城市最新兴起的创意与艺术街区，同样可以抓住它们的脉搏——这样的双城，丝毫不像富有而刻板的老年人，倒有着一颗灵感跳荡的少年心。

所以，这次先后踏足两座城市，我决定绕过日内瓦举世闻名的钟表制造业和苏黎世富裕的银行业，跳上布满两座城市的有轨电车，去探访它们新兴的创意与艺术街区。

苏黎世西区：旧拱桥下开出嬉皮之花

之前，我对苏黎世的模糊印象来自一些热衷于赞助文化艺术节的银行，也知道苏黎世有一个水准很高的室内乐团。旅行第一天，我还没来得及去苏黎世湖边看一眼老城，就直接被当地人带着，搭上有轨电车，往市中心相反方向驶去，来到近几年被安上“时髦”标签的新兴地带——“苏黎世西区”（或称“第五区”）。

满带着老欧洲感觉的有轨电车停在19世纪建成的铁路大拱桥（Viadukt）下，花岗岩砌筑的桥洞上，每隔两三分钟便风驰电掣地驶过一趟列车。桥下是密集的创意店铺，桥两侧则高耸起出名建筑设计师的艺术文化中心和商业住宅楼杰作。此情此景，或许会让你联想到这个星球上的许多城市：伦敦、柏林、汉堡、北京、哥本哈根……每个城市都经历过类似的历史阶段，都有一些废置的工业区，如今被“绅士化”改装成创意、艺术街区，贴上“新兴”与“潮流”标签。比如北京的798艺术区，伦敦东区等。但也有些街区，比如苏黎世的第五区，还会在“绅士化”的基础上继续“绅士化”，今日所见的创意区，明日也许就会被拆除，让位给钢筋大楼商业区。

○ 电车是苏黎世日常生活不可或缺的景致

无论走在火车拱桥上的步道还是漫步桥下，历史与未来的新旧搭配，形成了相当有趣的视野结构。从某一个角度看去，背景可能是 19 世纪建成的“玉米大楼”，再后面是 20 世纪的造船厂，旁边是 21 世纪前沿建筑风格的现代楼房，里面公共电台、剧场和画廊扎堆。

拱桥绵延 500 多米，桥洞下充满创意店铺，另有一个宽敞的市集，还有几家户外餐馆。而 20 世纪 90 年代之前，这里还是什么都没有。最早出现在桥洞下的，是一个卖热带水果和烤花生的小店，久而久之，当地人把那个桥洞昵称为“香蕉总部”。大约从 20 年前开始，各式独立店铺陆续入驻，原来的荒芜之地越来越有烟火气。

到了 2004 年，苏黎世的 EM2N 建筑设计所与合作伙伴接手 Viadukt 的发展计划。令大众惊讶的是，他们并未在此大肆建造高档购物商店。相反，他们决意以低租金推广特色社区文化，比如一家看上去并不特别的面包店，实则专门雇用轻微身体残缺者，这种具有社会责任心的店铺就会被优先考虑纳入。

压低租金的同时，他们也设立了另一种高门槛：每一家入驻的店铺都须有不寻常的创意。于是，许多创意艺术工作室在一个名叫 Frau Gerold 的小院聚集——翻新老家具的复古店、以废塑料为原料的工艺店，你可以在这里买到用旧自行车铃铛和旧灯泡改造的吊式花盆。这样的店铺似乎无关商业，它的存在只是为了不断刺激人们的想象力与创造力。

拱桥旁有一片绿地，几个放了学的孩子正在这里玩耍。再往前走两步，你就能看到积木一样堆得老高的集装箱阵：瑞士著名箱包品牌 Freitag 的旗舰店。据说从这里路过的 5 个人中就有 4 个人在用这个牌子，或许这也从一个侧面证明了这一区有多前沿而潮流。“集装箱”内 1 ~ 3 层是店铺，当看到一个“truckspotting”的箭头指引你往上走时（箭头设计灵感明显是来自经典电影《猜火车》里的文字游戏），你可以顺着指引一直走到开放式的箱顶，感受“苏黎世西区”的日落。夕阳中，你会看到脚下有许多 19 世纪留下来的棚子，不少搭着彩灯，自行车和树干上裹着彩色针织物，旧浴缸里种着芦苇，废弃轮胎被漆成粉红或深绿色，轮船摆上了屋顶，嬉皮与波希米亚的种子在新兴又或者是复兴的“都市花园”盆子里抽芽。相信我，这比站在歌剧院前面的苏黎世湖旁，面对标准老欧洲教堂塔尖看晚霞有意思得多。

○ 苏黎世铁路大拱桥下的时髦“西区”

日内瓦泉区：废厂区享受乖张艺术冲浪

从火车站出来，经过日内瓦湖上的 140 米冲天大喷泉，踏上购物大街罗讷河路，拐过银行林立的商业区之角……最后打开我的公寓房间窗门——楼下，有轨电车密集经过，旁边是一个建成于 18 世纪的教堂前小广场。广场上有五六个临时书摊，人们走走、停停、看看。这安逸的节奏，大概就是一个世纪前逃亡到瑞士的列宁在笔下批判的“小市民生活”吧。继续朝山坡上走，不到 10 分钟便是老城中心，在这个公元前 4 世纪就建起的山顶小广场（Place du Bourg de Four）上，有日内瓦地标圣彼得大教堂，也有适合晒太阳的露天咖啡座。再走几步，是全城知名的布尔乔亚沙龙大宅，宅邸半遮在大气的花草树木后面。远眺，群山闪耀。

如果一直待在这一区，日内瓦无非是一座经典老欧洲城市，建筑与树木、石头一样，几个世纪以来似乎就没怎么变过。你可以对着几座大教堂细数哥特式、罗马式、19 世纪风格，毕竟这已是历史变迁留下的最深印记。不过，日内瓦才没这么简单呢。别忘了，城中有一座全瑞士最大规模的现代与当代艺术博物馆（MAMCO），占地约 3000 平方米，而整个城市还不到 300 平方公里。

于是，从城中心搭上有轨电车，我迫不及待地要去探寻日内瓦的另一处脉搏。

穿过城南 Plainpalais 广场上著名的跳蚤市场，离百达翡丽博物馆不远，在一家挨一家的独立画廊对面，你能看见一处地面还留有电车轨道的工厂后院。当代艺术宣言式的乖张，一下就令人辨认出这幢楼房今日的身份：没错，这里就是日内瓦前沿艺术的重地所在。但建筑内外刻意保留的工业框架与结构，又随时在提醒游人：20 多年前这里还是一家仪器厂，早就在巴塞尔、苏黎世运营得风生水起的当代艺术生意，当时在这里还连影子都没有。

MAMCO 里最抢眼的是电梯上方放置的定时炸弹造型的计时器，自博物馆开幕以来，计时器就一直在倒数太阳爆炸的一天——距离那一天，大概还有 50 亿年。讽刺的是，这个计时器本身正是由太阳能驱动的。MAMCO 对面还有一家年轻的当代艺术中心（CAC），展出初出茅庐还未成名的艺术家的作品，由于展出主体和受众都偏年轻化，CAC 背面新近开了一家颇“潮”的简餐店 Café Paradiso，并迅速成为受年轻人欢迎

○ 日内瓦湖上的 140 米冲天大喷泉

的午餐聚会点。后来，我在“泉区”一个画廊里随口提起这家店时，画廊 20 岁出头的实习生脱口而出：“哦，牛油果吐司嘛！”

“泉区”当代艺术图景的形成，可以说是受到 1994 年 MAMCO 开办的直接影响。1989 年，热爱艺术的小学教师皮埃尔（Pierre-Henri Jaccaud）在日内瓦郊外的 Nyon 小镇创办了画廊 Skopia，专门与新一代瑞士艺术家合作。1994 年，从巴塞尔艺术展（Basel Art）归来的皮埃尔，来到当时已有 MAMCO 初试啼声但大部分还是工业废墟的“泉区”，凭直觉买下了很便宜的地皮，创办了这个街区的第一间商业画廊。事实证明，皮埃尔很有眼光。后来他与伙伴为“泉区”设立更多的商业画廊做起了推手。我在画廊里见到了这位老先生，他很自豪，因为今日自己的画廊已能与诸多享有国际声望的艺术家合作。

在地中海，人们喜欢“跳岛”旅行。来到“泉区”，就该“跳画廊”看展览。2017 年，瑞士旅游局票选“泉区”为“欧洲最具创意的街区”之一，

○ 一把缺了腿的大椅子矗立街头

因为“泉区”如今已有9家独立画廊、3个文化机构，以及4家非营利空间，不同画廊之间，一般都只是几步之隔。其实，独立画廊扎堆、专门推广当代艺术的社区，在纽约、巴黎、柏林或苏黎世早已有之，于是有人把“泉区”与纽约的切尔西相提并论。跟上述其他城市类似，每年“泉区”都有几次面向公众的“泉区之夜”：所有画廊在开幕当日敞开大门，欢迎日内瓦市民自由进出看展、饮酒、热聊。组织者皮埃尔告诉我，第一次举办这个活动时，正赶上一个凄风苦雨的寒夜，但居然一下就吸引了上千人。画廊之夜的成功，甚至让“大佬”MAMCO都动了心，主动参与了一次“泉区之夜”。

“跳画廊”的过程中，我发现每一间画廊的主人国籍背景各异：Mezzanin画廊的老板来自维也纳，Xippas画廊则是由在南美生活了很长时间的希腊人开办的。这令我想起，日内瓦20万人口中，几乎一半都非瑞士国籍。日内瓦多元的文化身份，或许也可以在此找到注脚。

魔山·幻海·迷城

文○Susie
图○Susie、视觉中国

到达玻利维亚的行政首都拉巴斯时，
正值日间最后的阳光被吞噬，
华灯络绎初上。
我坐在出租车里绕山路而行，
远望着这个被白皑皑的雪山揽入怀中的山城，
在贫民居住的砖瓦房的簇拥下，
一边是纯净美好得让人敬畏的雪景，
一边是赤裸的土地展露的穷困，
一切都预示着我们踏入了
一个魔幻而矛盾的世界。

○ 乔丽塔们携带着厚重的衣物，穿梭在市集中

乔丽塔——从屈辱到闪耀

我漫步在拉巴斯（La Paz）的老城区，那里灯光昏黄，空气稀薄。在如滑梯般倾斜交错的青石道路上面，下坡的人儿晃晃悠悠，上坡的则摇摇摆摆。我的眼帘中摆动着一色厚重膨胀的裙子、两溜结实的麻花辫子，以及头上那顶和身形相比略显娇气的小毡帽。

这套服装的主人们叫作“Cholita”，中文姑且可以翻译为“乔丽塔”。她们的出现，颠覆了往日街拍、杂志、电视等大众媒体里全球统一的现代女性形象。没有紧身牛仔裤、没有西服小套装、没有热裤 A 字裙——在地球的这一端，这种 cosplay 一般的服饰是日常。她们穿着民族服饰踱步的样子，让我这样的外来人觉着新奇不已，以为自己闯入了一个魔幻现实主义之境。

“守摊子的嬷嬷们披着丝制本色花巾，拖着长流苏的披肩，穿着齐膝而多褶的大裙子，梳着双条粗辫子，一个个胖墩墩的，在卖她们深信的巫术道具”——位于历史老城中的女巫市场（Mercado de Hechicería）因为作家三毛的作品而被人熟知，这里描述的市场主角就是乔丽塔们。集市上的女巫除了标志性的黑色小礼帽，还随身带有可可制成的袋子，内装护身符和神秘粉末。据说这些奇特的小玩意能够带来美丽、财富，以及强大的生育能力。女巫们既能卜卦算命，又敢治病救人，还贩卖民间偏方、草药，甚至是春药配方。女巫市场上最有名的莫过于晒干的羊驼胎儿，它们被埋在新房的地基里，是给大地母亲（Pachamama）的祭品。然而这似乎只是小儿科，据说，玻利维亚的富人是用活的大羊驼来祭祀大地母亲的。

时装秀

阿尔托的周末夜晚不定期举办乔丽塔时装秀。在大街上拍摄乔丽塔，通常会被她们扭头、遮脸的举止所拒绝。因为老一辈的乔丽塔相信，镜头会摄取灵魂。不过在时装秀上，你可以大方地用相机去捕捉她们的美丽，因为参加者多是年轻一辈，更为开放。具体的举办时间，可以在酒店前台查询。另有一个日渐走红的旅行体验，是去观看乔丽塔摔跤。

○ 玻利维亚拉巴斯女巫市场上售卖的商品

○ 女巫市场中晒干的羊驼胎儿

看似魔幻的东西，实际上不过是玻利维亚的现实特征。乔丽塔是艾马拉人（Aymara，即印第安人）的后裔。Cholita 一词来源于 Chola，有混血儿的意思，也表明了原住民的身份。曾经，这个称呼充满蔑视意味，连那富有特色的服饰也是西班牙殖民者强加给艾马拉人的——厚重的裙装重达十余斤，如枷锁般限制了乔丽塔的活动自由。这一身标志性的民族服饰给她们带来过不堪的耻辱，使她们在公共汽车和出租车上都会受到排斥，更别说在政府机构或是大学这样的正式场所。乔丽塔们通常只能作为富人家的女佣出现，而她们独立能干的形象也正是从这里发端。玻利维亚有过一部风靡全境的电视剧，讲的是一名乔丽塔帮佣母亲通过辛勤工作，供养女儿接受良好教育，而年轻虚荣的女儿却千方百计隐瞒母亲的乔丽塔身份。桥段虽然老套，说的却是一个道理——咳嗽、贫穷和爱是无法隐藏的，身份也是。

一名拉巴斯当地的作家向我介绍说，乔丽塔们给人的传统居家形象令人难忘。她们常常凌晨 4 点起床开始操持家务，卑躬屈膝地洗刷喂养，用粗糙的双手炮制出温暖的安第斯经典食物。不过，随着 20 世纪 90 年代民权运动的兴起和原住民总统莫拉莱斯的走马上任，玻利维亚的原住民们获得了更多的权利和尊重。乔丽塔们开始走出富人家的厨房和杂物间，来到街道和市场上，在拉巴斯市中心做起了各式各样的小生意。如果说拉巴斯的市场是由这些小生意支撑起来的，那么乔丽塔们则把控着这个城市的经济命脉。镶金牙的乔丽塔大妈越来越多，不少人甚至会不远万里到中国拿货。

面子挣回来了，腰板挺直了，可对于这身原本遭到歧视的衣裳，乔丽塔们不但没抛弃，反而要将它继续发扬光大。有的乔丽塔成了政府官员、律师、记者、电视主持人后，依然穿戴着标配的圆顶帽、层次繁多的衬裙、披肩和首饰。在拉巴斯的卫星城阿尔托（El Alto），她们甚至开办了自己的时装秀：乔丽塔们在后台描眉着粉，在安第斯传统的配乐中鱼贯而出，轮番走台。有趣的是，圆顶帽通常都是小号，据说戴上了可以多子多孙，让家里不缺劳力。

乔丽塔们越来越出人意料，不但开始进军主流行业，还出现了登上瓦伊纳波托西山（Huayna Potosí）的“女汉子”。在这场时装秀里，我就遇上了一位乔丽塔——伯萨·韦迪亚·洛萨。她是“女背夫登山队”的一员，负责向海拔 6088 米的瓦伊纳波托西山的大本营运送行李，并兼任厨师。在这几乎可与天空直接对话的高原之上，色彩斑斓的多层衬裙，讲述着乔丽塔的倔强。经过媒体报道，伯萨成为当地名人，被邀请参加 T 台走秀。她突出的颧骨和鼻底宽厚的鹰钩鼻是艾马拉人典型的模样，被高原紫外线照射成棕黑色的脸庞闪耀着自信。

伯萨说自己是百分百的艾马拉原住民，从没有像其他妇女那样穿戴过现代的休闲服饰。年逾 50 的她从没有想过自己会登顶瓦伊纳波托西山，第一次登顶时，圣洁的雪山让她头脑空白，一切像是梦境。

宗教混搭

西班牙语分阴阳性，有称呼乔丽塔的 Chola，也就有 Cholo——艾马拉的男人们。虽然艾马拉的男性没有特别的民族服装，我们还是可以在拉巴斯的历史老城里面追寻到他们的踪迹——圣弗朗西斯科教堂（Iglesiade San Francisco）前的广场就是一个人气之地。这里聚集了滑稽剧表演者和里外三层的围观人群。前往体育场加油的球迷们也会穿

○ 圣弗朗西斯科教堂的外景

整齐的球服，围上统一的围脖，带上锣鼓和号角，在这里集合，等候出发。

圣弗朗西斯科教堂是拉巴斯的城市地标，可以说是先有圣弗朗西斯科教堂，后有拉巴斯城。17 世纪初，原教堂被一场大雪压垮；直到 18 世纪中期，它才重新拔地而起，屹立于此。在那个年代，原住民和西班牙人在同一场合出现是不可思议的，于是教堂为二者修建了两个不同的入口。教堂的门面经过精雕细刻，带有巴洛克风格，是天主教和原住民艺术融合的典范，完全由艾马拉人完成。外墙所雕刻的蛇、龙、热带鸟类和蒙面人物都带有强烈的原住民特征。岩柱上的雕像则是为了纪念古印第安文化蒂瓦纳科（Tiwanaku）。

步入教堂，巴洛克风格开始褪去，内饰更多地倾向于新古典主义风格。那带有金叶子图案的小雪松祭坛在当时蔚为流行。教堂的屋顶由形状不均匀的瓦片盖成。因为艾马拉的男人们制造瓦片时用自己的腿作为模具，这种制作瓦片的方式也被戏称为“大腿 style”，而产出的砖瓦自然也形态各异。

圣弗朗西斯科教堂里的混搭风格在其他领域同样可见。玻利维亚原本是南美洲印加帝国的一部分。16 世纪，西班牙的殖民者来到这里大肆屠杀和掠夺，印加文明被践踏和破坏，原住民被迫改信天主教。然而和拉美地区其他不堪被奴役的人民一样，原住民们总是用天主教的外衣来掩盖本民族的宗教，最后形成了一种宗教混搭的呈现形式。

拉巴斯的大力神狂欢节（Fiesta del Gran Poder）便是这种融合的代表。从 20 世纪 30 年代起，狂欢节就有了雏形。当时从安第斯山区来到拉巴斯的艾马拉移民会举行简朴的烛光游行来纪念基督，实际上也是在纪念他们自己的大力神。随着艾马拉人经济地位的提升，拉巴斯城里的居民也逐渐接受了艾马拉文化。拉巴斯人无论何种阶层，全部涌上街头，投入狂欢当中，一发不可收拾。狂欢愈发热闹，服装也愈发精致讲究。

这是一个挥霍的节日。在当地人的信仰里，大力神（gran poder）会对付出的一切金钱给予回报。基于这个信念，此时谈论节约是毫无意义的。每个参与其中的表演者都一掷千金，毫不吝啬。面料要进口的、精细的；装饰用的各种闪烁的亮片和细丝彩线，要抢眼、要夸张、要好看、要浮夸。服装皆由巧手的裁缝手工缝制而成，耗时两三个月。无论从人工、材质，还是时间上来说，这都是一种奢侈的付出。

这些独一无二的私人订制，价格往往高达数百美元。每年的此时，这梦幻的衣裳搭配着音乐和酒精，可以帮助劳累了一年的人们做一场真实的梦。在这样一个争妍斗丽、显示财力的场合，乔丽塔们自然是其中的主角之一。财力雄厚的乔丽塔会佩戴名贵的首饰，有的还会聘请保镖来全程保护自己。

狂欢节庆典由三个不同阶段组成。首先展开的是 Preste。狂欢节开始前的 3 天，社区里会举行连番的派对，人人有份。伴着吵闹的音乐，人们用大吃大喝、醉倒趴地来纪念大力神。这个阶段里，最重要的人物就是社区里德高望重的那位金主，是他给整个派对买单。同时人们还会举行名为 Ch'alla 的仪式。在仪式上，人们会朝着土地浇灌酒品饮料，以向大地母亲祈祷来年风调雨顺，瓜果粮食都不愁。接着到了伟大的力量节日，也就是狂欢节开始的那一天，会举行一个宗教周年纪念活动。到这个时候，大伙要么出钱赞助活动，要么出力认真演出，同时还要把举行仪式的桌子烧掉，这是为了祈祷每一个参与者在节日期间和之后都能安全和健康。

这之后，盛大的狂欢节仪式正式展开。

游行队伍里，既有带着翅膀的天使，又有佩戴牛角面具，发色缤纷，不可名状的本地神灵。一群帅哥跳跃而过，靴子上系着连串铃铛，据传用来驱魔辟邪。各种装扮极具角色感和故事性，演绎着艾马拉的民间传

○ 身着传统服饰、享受庆典的拉巴斯男子

说和天主教传统：戴牛仔帽，拿着皮鞭的是西班牙征服者；头顶羽毛冠帽，肩背箭筒的是印加人；穿着闪亮夹克的是原住民；埋头苦干的是黑人奴隶。男男女女口中喊着西班牙语号子，振奋人心，好不热闹。

游行有 65 个庞大的方阵，每支队伍后面都跟随着一支热情洋溢的乐队，演奏着原汁原味的玻利维亚音乐。小贩穿梭于游行队伍和两旁的观众席间，贩卖的东西从小吃到安第斯民族服饰、玩具不一而足，简直是一个流动的百货摊位。啤酒产品的出现频率是最高的，有些广告的旗子插得满场都是。这个露天嘉年华允许公然买醉，醉的也不只是看客，游行队伍里面拿着啤酒铝罐甚至是烈酒小酒瓶的舞者同样不计其数。

这也透露了玻利维亚人嗜酒的特点，尤其是到了狂欢节，酩酊大醉更是指定节目。在这样的高寒地区，痛饮除了可以驱逐寒意，也能给苦难生活带来一丝麻醉。那些早年在矿底劳作的奴隶就是靠着一瓶又一瓶的酒，才能像陀螺一样没日没夜地舍命运转。而在今天这个欢庆的时节，背着 25 公斤重的行头，在长达 6 公里的崎岖街道上狂欢一整天——这对任何参与者无疑都是一项挑战。此时的酒精，无疑是最有力的兴奋剂。当然这绝对不能算是苦差事，大伙都会抢着参加，因为他们相信如果能够连续 3 年在狂欢节上跳舞，大力神就能显灵，帮助他们达成任何心愿。

乌尤尼：东边日出西边雨

各式旅行社扎堆在乌尤尼小镇（Uyuni）的主街两旁，里面挤满比价、问询的人群。旅行团大体分成一日和三日这两种，还有观星团、日出团、日落团等，琳琅满目。只有两天时间的我，加入了一日团，行程包括火车坟场（Cemeterio de Trenes）和乌尤尼日落等。在这里，只恨时间太短。

司导们大多都是不懂英语的本地人，对所到之处也无介绍。到了火车坟场，他们也只是让大家自由拍照。也许，这对玻利维亚人来说是一段不堪回首的历史，不愿再提。在举目荒凉之地，一列列生锈的庞然大物静默无语，了然自己运送矿石的历史使命早已结束。在输掉了与智利的硝石战争之后，玻利维亚通往太平洋的铁道被封锁，出海口也就此被阻断了。呼啸奔驰的火车不再远行，天长日久，形成了一片赤血钢铁的荒坟。没有出海口，就失去了廉价的海运，这对于本就贫穷的玻利维亚来说是一个致命的痛点。所以玻利维亚人从来没有停止过向智利人索要出海口，甚至到海牙国际法庭上喊冤，但收效甚微。不过，游人可不关心这么多的家长里短，一个个兴奋地攀上爬下，摆出各种潇洒豪迈的造型，希望最终能不枉此行。

四驱车继续前行，终于迈进乌尤尼盐沼（Salar de Uyuni）的领地。初见乌尤尼，只有一排排的盐堆，盐碱地上积着薄薄的一层雨水，还有白色的泡沫浮于面上。镜面效果是有，但也是丑小鸭级别的。难道这就是传说中一瞥惊鸿的乌尤尼？我装模作样地拍了几张照片，心里带着疑问，继续乘车往深处去。偌大的乌尤尼盐沼，没有任何标识，越开越摸不着边际。毕竟这是世界最大的盐沼，面积几乎是上海的两倍。到了下午时分，乌尤尼风起云涌，渐入佳境，东边日出西边雨的情景出现了。远处的天边，聚齐了乌云，摆出一道灰白的雨幕。接着愈演愈烈，闪电挂起，仿若雷神托尔在挥着大锤，给力助阵。那道细瘦的金光，在天边闪着，被地面映着，清清冷冷，遗世而立。落日须臾而至，如同一个对镜梳妆的美女，被自己的美丽灼伤了脸庞。天地间一色的金与红互相交融，这也是“天空之镜”的光影与色彩最奇丽瑰艳、瞬息万变的时候。大概追逐光线的莫奈到了这里，也会手足无措，慨叹大自然的神工鬼斧不可比拟吧。

原本以为这之后，我的乌尤尼之行便将收官。不料日间团同行的韩国一家人，商量着要继续报名凌晨 3 点出发的日出团。这意味着当晚的睡眠只有三四个小时。不过，对只在乌尤尼待两天的人来说，这绝对是不容错过的。似乎唯有这魔鬼般的日出行程，才能对得住乌尤尼的美名。3 点出发，四周一片墨色，温度也愈发低下。这个时候，只有拍照才能有效驱逐睡意和寒冷；也正是在此时，我才明白了乌尤尼之旅的关键在于选择一个会拍照的领队。当周遭没有光的时候，便要创造光。我们的领队把相机架好在三脚架上，命我站在相机前方，然后用手机电筒在我的背后作画。感觉着身后的光束沿着手脚而画，我很好奇出来是什么效果。大家把头凑在相机前，倒数着时间。影像出来了，是一个加冕了光圈的天使，引发一阵的惊叹声。原来领队是利用长时间曝光，让运动的光源发挥创意，在镜头下形成各种富有想象力的光环画。大家玩着笑着就迎来了日出。那可能是我见过的最美日出，清一分则素，浓一分则黛，透彻心扉。这种美对视觉和大脑的冲击，是一时半刻回不了神的，让人念念不忘。吴哥窟的日出与之相比，虽有莲花伴，却稍显俗气；西奈山的日出与之相比，虽磨炼心志，却略感沉重。只有这里，天空之境的日出，能让人纯粹地，记得美。

汽车的倒影映衬在乌尤尼盐沼之上

美食

玻利维亚有很多炸鸡店，炸鸡加啤酒是不错的选择。被画在国旗上的羊驼也进入了餐厅，做法多样，味道可口。在乌尤尼的当地餐厅可以尝试古柯叶啤酒。想凑合着慰藉中国胃的话，当地还有一些韩国小餐厅，提供辛拉面、肉、饭等。

墨西哥「瓜」城记

文○丁正如意
图○丁正如意、视觉中国

瓜纳华托与瓜达拉哈拉
——两座“同姓”城市，
各自精彩，让人沉迷。
在这里，
“魔幻现实”仿佛是一把能解锁墨西哥的万能钥匙，
开启了这片热情又荒诞的土地上
任何料得到或想不到的事。

瓜纳华托：地上童话，地下魔法

在瓜纳华托，时间的流动性如同达利画笔下瘫软的时钟——最不值钱。在这座几乎不变的小城里，观察每天都在变化的游客，成了我的一大乐趣。

此刻，位于山顶的皮皮拉纪念碑前已经聚集了不少游客，等待着山下灯光点亮彩色小城的魔法时刻。皮皮拉雕像高举着火炬，然而当下无人缅怀英雄——人们登上皮皮拉山，只因这里是鸟瞰瓜纳华托的最佳位置：色彩明丽的房屋铺陈在山谷之间，绿树成荫的广场映入眼帘，瓜纳华托圣母圣殿的华美穹顶、瓜纳华托大学的主教学楼、胡亚雷斯剧院等

○ 瓜纳华托的普通街道上，也充满了热情与荒诞之感

建筑均清晰可见。

夜色将至，山顶游客寥寥。彼时，缆车正在维修，公交车已经停运，出租车又不见踪影——无奈的我正要摸索着山路往下走时，被三名墨西哥少年热情地叫住："你要下山吗？"我点点头，定睛一看，原来他们就是刚刚在山顶有过一眼之缘的"学生三人组"。"我们也要下山，一起走吧！我先去取车！"于是，我就这么搭上了顺风车，一路下山，随之进入宛如时光隧道的地下通道。

比起地面上华美浪漫的"童话世界"，瓜纳华托的地下世界更令人疯狂。16 世纪瓜纳华托建城之初，西班牙殖民者在这里大规模开采银矿，向世界各地输出，瓜纳华托由此蓬勃发展起来。到了 18 世纪，它已经成为世界上最主要的银矿中心，银产量占了全世界的 1/3。

聪明的瓜纳华托人，此后将原本开采矿石的通道改建成了四通八达的地下交通网络——交通信号灯、公共车站、人行通道，一应俱全。行驶在地下隧道，两旁的煤油灯星星点点，各条道路通向不可知的漆黑远方。这场景，不免令人想起英国导演彼得·格林纳威的巅峰之作《爱森斯坦在瓜纳华托》中，蒙太奇风格大师谢尔盖·爱森斯坦漫步在瓜纳华托地下隧道的场景。这个在地下野蛮生长的"魔法世界"，与地上的童话世界形成尖锐对比，又完美自洽，相得益彰。

在当地，还有个"La Llorona（哭泣的女人）"的传说流传甚广——夜晚降临时，行走在地下隧道的人行道，耳边会响起女人的哭泣声。然而，传说终究是传说，不管白天黑夜，在隧道中通勤，始终是瓜纳华托人的日常。

除了银矿，瓜纳华托的地下世界还盛产一种令人毛骨悚然的"宝藏"——天然形成的木乃伊。正是因为瓜纳华托相对干燥的气候和土壤中丰富的矿物质，这里的木乃伊不是经过特殊处理，而是入葬后自然风化的产物。

在瓜纳华托木乃伊博物馆里，100 多具"瓜纳华托式木乃伊"整齐排列。他们表情不同，姿势各异，悄无声息地携带着这座城市地上地下的秘密。虽然主题惊悚，但依旧有不少墨西哥人带着小孩来此参观。据说，政府也非常支持这样的展览，因为在当地文化里，死亡是生命的一种轮回。

如此，就不难理解为什么墨西哥的"亡灵节"堪比"狂欢节"，总是洋溢着欢快的气氛；如此，就能够读懂墨西哥诗人奥克塔维奥·帕斯的那句"死亡才显示出生命的最高意义；是生的反面，也是生的补充。"

亡灵节

墨西哥最盛大的节日之一——亡灵节于每年 10 月 31 日至 11 月 2 日举行。届时人们会在家中或者公共建筑中设置精美的祭坛，将故去亲人的墓地仔细装扮一番，借此欢迎逝者的回归。市场里到处都是出售糖果骷髅、巧克力棺材、玩具骨架的摊位，热闹非凡。

塞万提斯国际艺术节

每年 10 月中旬，这个拉丁美洲规模最大的艺术节都会在瓜纳华托如约上演，为期 20 天左右。节日上会展示来自世界各地的艺术作品，举办上百场演出活动，以西班牙语国家和地区的艺术创作为主。中国每年也会选派节目参加。

○ 瓜纳华托颜色丰富多彩的房子

面对死亡的态度，恰恰就是墨西哥人的生之哲学。

车子驶出隧道，突然眼前一亮：市中心的广场就在眼前，音乐悠扬，建筑辉煌。我和三个少年挥手告别，朝着宏伟的胡亚雷斯剧院（Teatro Juárez）走去。这座以墨西哥国父命名的剧院，外表古典，内里奢侈，是瓜纳华托银矿财富打造而成的建筑典范。

剧院里有乐器演奏，剧场外的歌声也不停歇。原来，大名鼎鼎的瓜纳华托游街音乐会（Callejoneada）正在此上演。一群专业歌手和音乐爱好者身着黑礼服，头戴宽边帽，背着吉他，带领人群，以歌唱的方式游走在大街小巷，诉说独属于瓜纳华托的历史故事。但凡购票参加音乐会者，都会得到一个印有瓜纳华托字样的陶制小壶。演奏间隙，背着类似“洒农药”装备的工作人员会微笑着为你“打”上一壶一点儿都不酸的橙汁。一路上，大家载歌载舞，欢声笑语，在闻名遐迩的“接吻巷（Callejón del Beso）”就地解散时，还都依依不舍，语言不通仿佛也不是多要紧的事情。

瓜纳华托全年丰富多样的文化活动，给热爱艺术的墨西哥人提供了极好的精神寄托。每到 10 月，为了纪念西班牙语文学史上最伟大的作家米格尔·塞万提斯，瓜纳华托会举办享誉全球的塞万提斯国际艺术节（Festival Internacional Cervantino）。来自全世界的音乐、舞蹈和戏剧团体都会齐聚于此，奉上精彩的演出。彼时的瓜纳华托，就成了全城涌动的艺术海洋。

如果没有赶上塞万提斯艺术节，但又对塞万提斯情有独钟，这里还有一个常年开放的堂·吉诃德肖像博物馆（Museo Iconográfico del Quijote）可供参观。无论是画作、雕塑、挂毯，还是象棋、钟表、邮戳，馆内的每件展品都和堂·吉诃德有关。艺术家们以不同的方式，用不同的媒介，对这位西班牙文学中的英雄及其侍者桑丘进行了全方位的诠释与解构。我还在这里，发现了一本早期的《堂·吉诃德》中文译本。

然而，瓜纳华托文化活动的繁荣，说到底都离不开这座城市的活力源泉——瓜纳华托大学。学校常年举办对公众开放的文化艺术活动，空气中到处弥漫着荷尔蒙的青春气息。我就是偶然看到校门外张贴着一张“纪念大卫·鲍伊”的活动海报，便被吸引着走进校园，重温了一场《战场上的快乐圣诞》。

○ 瓜纳华托古城闻名遐迩的“接吻巷”

和国内一样，瓜纳华托大学周边，也有不少满怀情调的“网红”咖啡馆和精致的艺术品小店。不少店主一边创作，一边出售自己的作品。在这里，情怀泛滥成灾的“I LOVE NY”式的纪念品并不常见，每个人对这座城市的感情，仿佛都刻到骨子里。

离开瓜纳华托的那一天，胡亚雷斯剧院门口正在举办儿童马拉松比赛。撒手奔跑的小孩，摇旗呐喊的家长，好奇围观的游客，为这座古城带来了几分活泼烂漫。然而，我凑了会儿热闹，就不得不赶去车站，搭上开往瓜达拉哈拉的大巴。

在大巴上坐定，我才发现手中的冰激凌一路滴在长裙上，像极了一张漫不经心的泼墨画作。或许，这就是瓜纳华托送给我的礼物。

瓜达拉哈拉：左手文艺，右手酒精

在世界文化遗产卡瓦尼亚斯文化中心（Hospicio Cabañas），我开启了探索瓜达拉哈拉的旅程。这栋新古典主义风格的建筑，外观古朴自然、优雅低调，内饰壁画却大胆鲜艳、激情四射，让人忍不住脱口而出“魔幻”

二字。

踏入这座形似教堂的建筑，何塞·克莱门特·奥罗斯科的《西班牙入侵墨西哥》等57幅巨型壁画和穹顶组画在眼前一一展现。壁画中象征苦难与抗争的火焰、盔甲、鲜血、祷告和挣断的铁链，不禁令人想起奥罗斯科在墨西哥民族主义壁画运动中的名言——“绘画最高级、最理性、最纯粹和最有力的形式就是壁画，它也是最公正无私的，因为它不可能成为个人谋私利的工具，不能为少数特权者服务，它是为人民的，是为所有人的艺术。”

除了奥罗斯科的壁画，卡瓦尼亚斯文化中心还经常展出世界各地当代艺术家的作品。我就在此邂逅了两年前曾在爱丁堡看过的大卫·史瑞格里的 Lose Your Mind 展览。文化中心已然成为如今瓜达拉哈拉当之无愧的文艺地标。然而在19世纪初刚修建完毕时，这里还是个孤儿院兼残疾人收容所，因此也被称为济贫院。此后长达150年的时间里，这里共收养了约500名孤儿。

穿梭于鲜花怒放的拱形庭院之间，走到一处，我发现前方被栏杆围起，便好奇地询问站在一旁啜饮咖啡的工作人员：“此处为何不让通行？”

·······

墨西哥“壁画运动”

20世纪20年代，墨西哥“壁画运动”陡然兴起。墨西哥“壁画三杰”——奥罗斯科、里维拉、西盖罗斯发表《告美洲艺术家宣言》，倡导真正的艺术应该与民众同步，与民主同步。在他们的带领下，一大批艺术家开始在公共场所创作大型壁画，想以此来教育和激励民众。这场接地气的民族主义壁画运动，与其说是思潮或者艺术史卷册上单薄的一页，不如说是墨西哥艺术家及民众回顾自身、找寻本源的过程。

○ 奥罗斯科绘制的穹顶壁画

这时，一个身材高大、棕色皮肤的工作人员跑过来，礼貌地说道：“我叫 Antonio，我可以带你进去转转。”

跟随 Antonio 走进“秘境”，我左顾右盼试图发现什么“大新闻”。然而除了“五步一雕塑，十步一喷泉”，这里只是气场有几分不同。原来，这里过去是济贫院孤儿们的住所，如今则是一间艺术学校。此时正值假期，每个教室连同一个个庭院都静悄悄的。“这是钢琴教室……这是舞蹈房……”Antonio 一路为我耐心介绍。

“我给你拍张照吧？”走到一处别致的喷泉旁，Antonio 提议道。然而当我正要把相机递过去，突然发现——他并没有小臂。他察觉到了我一时的尴尬，便笑着扭动着双肘：“我可以这样拿啊！”

在他爽朗的笑声中，我们开始聊起彼此的爱好。得知电影是我的一大兴趣，他开始介绍：“我还负责每周末的电影放映，今天下午就有一场。”我们走出“秘境”，拐到一栋楼前。二楼正是电影放映室。眼前，是所有迷影人都在梦里见过千百回的场景——放映机等设备整齐摆放，电影海报贴满墙壁，让人瞬间以为自己活在《天堂电影院》的场景里。

“站在这里，你总能看到观众们的千姿百态……”Antonio 指了指小窗，继续诉说着他的故事——他从小怀揣电影梦，大学学习电影专业，无奈因为车祸致残，便来到这里从事行政工作。电影放映员算是“兼职”，却更能让他感受到生活的意义。

“每年 3 月，瓜达拉哈拉都会举办国际电影节，许多导演、明星都会出席，我会和他们交流。在瓜达拉哈拉最重要的节日‘十月节’，我也会策划一些主题放映活动。瓜达拉哈拉人，都热爱艺术。”Antonio 一边说着，一边“举”起《爱情是狗娘》的电影海报。

电影结束，我们穿越 Plaza Tapaíta 广场，来到被主教座堂、哈利斯科名人堂、立法院、司法宫等各种壮观的殖民地建筑包围着的解放广场（Plaza de la Liberación）。此时的广场上，有数对男同性恋者正卿卿我我、情意绵绵。“时间越晚，这里的同性恋人就越多。”Antonio 说道。

素有“墨西哥旧金山”之称的瓜达拉哈拉，是对同性恋最为包容的墨西哥城市。这里四处散发着自由、平等的独特魅力，也吸引着大量墨西哥年轻人来此工作、学习，并为之深深着迷。

与瓜纳华托不同的是，瓜达拉哈拉好玩的地方除了在城里，还在周边的小镇和村庄。你大可以在享有“瓜达拉哈拉的贝弗利山”美誉的萨波潘品尝美食，感受夜生活；在特拉克帕克和托纳拉的精品画廊和手工

○ 蓝色龙舌兰种植园

艺品店兜兜转转，满载而归。

当然，你也可以坐上土巴士（类似中国20世纪七八十年代的公交车）一路颠簸，历经千辛万苦，去看世界上唯一的圆形金字塔Guachimontones，结果发现不过尔尔；或在空气清新、风景怡人的“北美老干部疗养地”查帕拉湖（Lago de Chapala）畔放空自己，虽然心情不错，却也感觉有点无聊。

不过，瓜达拉哈拉还有最具人气的龙舌兰一日游。

龙舌兰，是墨西哥的国酒，也是墨西哥的精神与灵魂。

○ 去掉叶子的龙舌兰形似大号菠萝

如何品味龙舌兰

在墨西哥，品酒过程一般分为4步：观、闻、尝、触。然而豪爽机智的墨西哥人在品味龙舌兰时，才不会按部就班，取而代之的则是——首先把盐撒在虎口上，用无名指和中指夹好一片柠檬，再用拇指和食指握紧一小杯龙舌兰酒。然后，迅速舔一口虎口上的盐，随即将酒一饮而尽。再咬一口柠檬……过程一气呵成，美酒直入喉咙，暖人心扉。

当地俗语说：“一切坏事，喝龙舌兰；一切好事，还喝龙舌兰。”在墨西哥，喝龙舌兰不分好坏、不分阶级、不分场合、不分时间——是真正的“国民酒饮”。

半个世纪以前诞生于哈利斯科州的龙舌兰酒，提取自同名的蓝色植物。如今的瓜达拉哈拉郊外，早已成为蓝色龙舌兰的海洋。大大小小的酒庄遍布其间，很多酒厂都对外开放，供游人进入参观。

小镇特基拉（Tequila)——城如其名，是体验龙舌兰文化的绝佳之地。在鼎鼎大名的何塞・库埃沃开设的拉・罗赫尼阿蒸馏厂，你可以一睹龙舌兰从收割、烹煮、发酵、蒸馏直至装瓶或放入木桶的全过程。蒸馏过后的液体，有的被装瓶制成入口辛辣灼热的白色龙舌兰（非陈酿），其余则储藏于橡木桶中，按照不同年限酿造成易醉的金色龙舌兰（非陈酿，通常存放不超过 60 天）、入口偏冲的浅琥珀龙舌兰（半陈酿，存放 2 ~ 9 个月）、口感香醇的深琥珀龙舌兰（陈酿，存放超过 1 年）。

会说“八国外语”的导游，还会带大家走入田间体验龙舌兰的收割过程，去掉叶子的龙舌兰形似大号的菠萝，非常可爱。而酒庄地底的藏酒室里，则摆放着 19 世纪以来的木质酒桶，弥漫着龙舌兰的香气，让人想要立马沉溺在这龙舌兰的故乡，一醉方休。

参观完酿酒厂，痛饮罢龙舌兰，带着酒香余韵，晃晃悠悠地漫步于美丽的特基拉小镇。远方的山岭连绵不绝，街头的鲜花常开不败，各式龙舌兰周边纪念品琳琅满目，穿着传统服饰的当地人向游客热情地打着招呼……这里的一切，都符合人们对于墨西哥的所有想象。

“那里才是雨崩的CBD呀，一抬头就是雪山

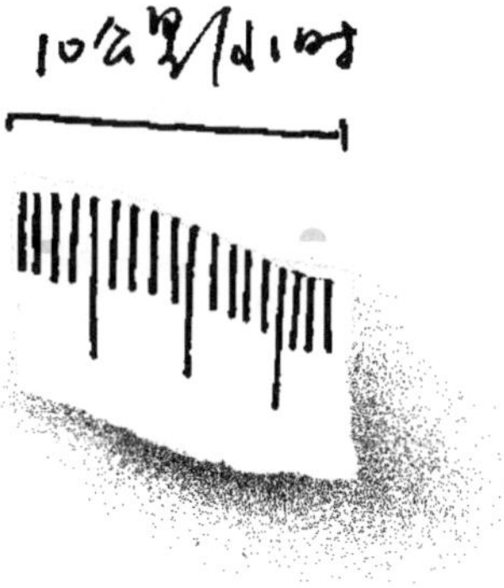

窗外夜风如啸，神的世界，就此沉入了黑暗。

户外徒步

炉火噼啪作响，但红光会渐渐暗下去，越来越暗，直到我们被黎明的轻寒冻醒。

雨崩：秘境不再，圣洁依旧

文◎万蜜

图◎万蜜、视觉中国

若在网上检索“雨崩”二字，
与之关联的，
大多是
“一个被遗忘的村落”“隐秘的圣地”“未开发的世外桃源”等。
在我有机会一睹真容后却发现，
这个隐秘的圣地也在悄然改变。

◎ 从冰湖返回雨崩下村时，可在笑农大本营稍作休息

进入雨崩

◎ 西当温泉—那宗拉垭口—雨崩上村

在距离德钦县城 10 公里的飞来寺，我们和几个人拼车，坐到了海拔 2650 米的西当温泉——雨崩徒步线路的入口。下车后，耸立于眼前的是层叠的大山，一眼望不到顶，山上覆盖着葱葱郁郁的树木。若是体力不好的人，可以从这里坐 200 元 / 人的越野车进入雨崩。但我自然是选择徒步的。

进入雨崩就如同进入了一个小世界，在路上你会不停与各种人相遇，

········

如何抵达

雨崩徒步一般从西当温泉进、尼农村出。你可以在早晨出发时从飞来寺拼车抵达西当温泉后开始徒步（现场乘坐，无须预订，价格约为 200 元 / 车）。可以向住宿的旅店打听包车司机电话，司机也会帮助你拼车。到西当温泉后，除了徒步，你依然可以选择乘坐越野车或者租马进去。徒步快结束时，记得提前联系司机，让他在尼农村出口等你。

然后告别。从香格里拉去飞来寺的大巴车上，我们曾遇到一位藏族朋友，他用不太流畅的汉语告诉我他在雨崩上村开客栈，希望我们去住。我们应和着，但第一晚最终选择了另一家网上评价较好的旅店。谁知第二天出发去冰湖时，又在村口碰到了他。他在马背上，叫住我们，问为什么没去他的店，并再次发出邀请。然而不巧的是当晚我们到了雨崩下村错过了他的客栈。令人尴尬的是，第三天从神瀑往回走时，我们又看到了他，只好讪讪微笑与他道别。

起初的路较为轻松，甚至略为无趣，不过是树林掩映间的大土路，我还能和同伴边走边说话，身边不时有越野车载着人轰隆颠簸而过，路上还能碰到三三两两一起走路的人。徒步者间的默契往往是：抬头，微笑，打个招呼，互道一声加油，再继续低头前行。

后来随着海拔攀升，我开始顾不上说话，只顾低头看着双脚的机械挪动，分不清汗水和雨水。此外一片寂静，风声透过冲锋衣的帽子灌入耳朵，喘息声和脚步声有规律地交错。白色的高山杜鹃开始出现，虽然在雨水的冲刷下有些破败，但依旧让人欣喜。小雨落了下来，周围的林木都被雨水打湿，越野车走着“之”字形的盘山路，我们则折向小路，缓慢往前行进。路过吃草的牛群时，我们停下观察，发现它们“嗖”地伸出舌头将眼前的草卷入嘴巴，丝毫不被人类的出现分散注意力。

午后，我们终于翻过 3800 米的那宗拉垭口，此处风景豁然开朗，水雾弥漫下，对面的雪山山头若隐若现，垭口下有几座废弃的小木屋。从这里开始，便是毫无阻碍的下山路了。

当雨崩上村出现在视野范围内时，旅途的疲惫都消失不见了。村庄依山而建，群山由此往下延伸，形成一片缓坡，田地簇拥着村落，背后就是梅里雪山的最高峰卡瓦博格；远处的雨崩下村则更为平坦，房屋零星点缀于田地间，在神女峰的注视下一派安然。我们都长舒一口气，历经千辛万苦后终于抵达了这片“世外桃源”。

○ 雨崩上村和穿行其中的徒步者

雨崩村的昔与今

“那里才是雨崩的 CBD 呀，一抬头就是雪山。”住在雨崩上村最里头，老板娘指着客栈前方山坡上的房子，向我们说道。她口中的“CBD”是指从村口到村里半山腰的位置，正好面对着雨崩下村后的神女峰。那里客栈林立，还有很多房屋正在施工，预备迎接后面的游客。我们路过时灰尘与噪声四起，由于天气不好，对面的神女峰并未露出真容。

进村时，我们每人交了 5 元的客栈管理费，这个费用可以在住宿时抵扣房费，相当于是客栈向村民交纳的费用。老板娘说，生意一般的客栈每年向村民交纳的管理费有 1 万多，而位置较好的客栈，每年房屋的租金能达到 20 万左右，所以她眼中的当地人，都过着闲散安逸的日子。

我们一行人望着夜色里星星点点的“CBD”，发出了阵阵感叹。雨崩村一直以来是藏民转梅里雪山的必经之路，偶尔会有一些喜爱另辟蹊径的徒步者前来探索。由于地处大山深处，交通不便，前两年，建房屋用的玻璃还需要当地人徒步背进来。一位 2012 年来过雨崩的旅行者告诉我，当时两个村子都没有电，全部使用太阳能，手机也没有信号，更别提通车了。村子里有两家旅馆，但连个像样的厕所也没有，又冷又潮。晚上他们捧着泡面，挤在青旅的大通铺上瑟瑟发抖。“当时想再也不来这个破地方了，可白天看到美丽的雪山和村庄，又忍不住想再来。”他说。

变化发生得太快，随着城市游客纷至沓来，不过几年时间，雨崩的宾馆和餐厅如雨后春笋般冒出来，上村、下村如今几乎都是客栈。越来越多本地人靠旅游谋生，外地人来这里开上了青年旅舍，体验生活的年轻人则长居这里做起了义工。

村里也开始有了现代化设施。这一两年旅行者们来到雨崩时，再也不用忍受没有电的夜晚，以及饥肠辘辘时只能捧着方便面的窘境；你可以洗上舒服的热水澡，躺在温暖干净的被褥里，走累了晚上在客栈享用各种炒菜和泡酒，甚至能实现坐车往返的雨崩一日游。

“幸好我现在才来，我们来这儿是看美景的，不是为了吃苦啊。”一位刚结束骑摩托车入藏旅行的小哥说，若是跟朋友五六年前来雨崩，就会是另一个模样，如今的便捷让他感到庆幸。不过，尽管基础设施改善很多，但与香格里拉其他地方相比，雨崩依然因为其路况艰难而显得小众。我不禁想，若一个地方太容易抵达，人们对它的珍惜还会一如从前吗？

夜里，一轮圆月从远处山间升起，将云层暗黑的边缘染成银白色，不一会儿就穿过云霄，到了天空。

前往神瀑

清晨，我们告别雨崩上村，穿过灰尘缭绕的村落，向冰湖进发。在依次走过高山草甸和光怪陆离的沙棘林，以及一片黄色的杜鹃林后，我们一抬头发现早已翻过冰湖前的山丘，一块巨石挡住去路，下方就是冷峻蓝绿的冰湖。

雨崩上村—冰湖—雨崩下村—神瀑

湖并不大，中央飘着一块漆黑的冻土。四周植被稀少，碎石裸露，

神瀑以及下面悬挂的经幡

石头上的雪层被人们的脚印染黑。黑灰的石壁上挂着数条小瀑布，水流汇集于冰湖内。石壁上方是一块巨大的冰川，隐约透着远古的幽光。云雾点缀其间，虽天气不好，湖水依旧神秘而圣洁。下到湖边，冷气逼人，稍微小憩便觉得冷风灌入体内。

我们从冰湖原路返回，来到雨崩下村补充好体力，从这里出发前往神瀑（海拔 3657 米）。向上攀爬的一路都是圣迹，经幡遍布，大部分已经陈旧褪色，和泥土混杂在一起。传说每拐过一道弯时，只要有泉水从山涧流下，便是圣水。有金刚手圣水（我去的时候已经干涸）、文殊菩萨圣水、观世音圣水和莲花生圣水……更不用说目的地神瀑了。

这瀑布从几百米高空飞溅下来，水花四射，将陡峭的岩壁冲刷得银白发亮。下面是堆得厚厚的经幡，近处被水打散得七零八落。朝圣的人们欢欣喜悦地在下面转三圈，浑身淋个透。此时，僧人煨桑（燃烧松柏枝叶，焚起清香烟雾，进行祈福祭祀）的烟缓慢升起，加上飞瀑带来的凉意，瀑布下的人变得呼吸困难。僧人们牵起一条长长的经幡，悬挂于神瀑旁的山坳处，开始吟诵经文。

从神瀑往雨崩下村的回程路上，还有位出家人在卖酥油茶和牦牛奶。走进他的木屋，坐在热烘烘的炉火边，我喝到了此行最新鲜香醇的牦牛奶。木屋虽破旧但五脏俱全。我们休息片刻，与他告别，一路奔向雨崩的出口——尼农。

从尼农离开

○ 雨崩下村—尼农

遇到淞解杰里的时候，我们正疲于无趣的尼农下山路程中。淞解穿着橙黄色上衣，正在树上采摘“黑果果”。这种形似蓝莓的小水果入口味甜，非常解渴。我们询问他附近的客栈，他一边顺手给了我一把“黑果果”，一边带着我们向山下走去。

跟着他，我们到了一家客栈，这算是从雨崩下村至尼农村的唯一补给处了。客栈门口修了一个摆放木头桌椅的平台，延伸到悬崖之外。平台上景观开阔，脚下的江水奔腾不息。我们在角落坐下，要了两瓶冰冻矿泉水，坐在平台上欣赏风景。凉风习习的荒郊野岭，这里是唯一的有人烟处，恐怕真的能算是秘境了。

淞解独自管理着这家只有床位房的客栈，时常觉得无聊，找不到人说话。“当然想去外面工作了。”二十出头的淞解趴在栏杆上，望着山外方向出神。他以前在县里工作，后来回家帮忙，一个人守着这里。

不过很快，淞解又兴致勃勃说起了自己对这里的改造升级计划，他指着平台下大片的土地说，想建一个观景台，种更多花。他又掏出一个望远镜，望向对面山上，数起了羊来。“想吃了就去抓，但它们跑太快，也只有我舅舅可以抓住。”淞解转过身来，问道，“对了，你们刚刚过来的路上，有没有遇见他。”原来神瀑的回程路上卖牦牛奶的出家人，就是他的舅舅。

离开时，我们发红包付钱，淞解满口答应着，但第二天在我们的提醒之下，才想起来收红包。看来，他做生意和放羊一样佛性。

与这个隐秘的小客栈告别后，便进入尼农大峡谷，惊险的路段就开始了。

小路在半山腰顺着山势蜿蜒曲折，不时有塌方碎石掩埋路面，或者狭窄处只容一人通过。江水奔流于峡谷下方，轰鸣声不绝于耳。我尽量让身体贴近左侧的岩壁，不去看右侧深不见底的悬崖。没有树木遮挡的位置，难免腿软，却又忍不住驻足观察身旁壮观的峡谷风貌。

我们像渺小的蚂蚁，缓慢移动在这样的山间小路上，以为如此就能走到尼农村，谁知前方出现了两匹马……

刚进雨崩时，路上一位经验丰富的徒步者就告诉我们，雨崩下村到尼农这段路如今虽已加宽不少，但仍要注意路上和马匹相遇，若要“错车”，千万要站在内侧，因为前两年就发生过游客站在外侧，不幸被马挤下悬崖的事故。

我紧张地望着前方两匹悠闲的马儿，小心行进。即将和我“狭路相逢”时，前方的马突然掉转头，好像终于也意识到“错车”困难，往反方向走了去，让我长舒了一口气。

渐渐从峡谷内转到山外，公路和汽车出现在了对岸，人烟多了起来。正走着，口袋里的电话响了，是藏族司机师傅打来的。远远望去，他正在山下的马路上向我们招手。

终于坐上了车。我问师傅是不是每年都会来雨崩转山，他说是，会带上一家人去。“那你们进雨崩是开车还是走路呢？”我问。

“以前走路嘛，现在坐村里的车进去了。”

“你们坐车价钱也一样吗？”

“一样嘛，我自己想走，但孩子们要坐嘛，他们说别人都坐，我们也坐吧。”

○ 雨崩下村一派田园牧歌景象

嘎玛沟，揭开珠峰的另一层面纱

文○孙澍
图○孙澍、视觉中国

在珠峰的东坡区域，
有一条少为人知的“嘎玛沟穿越线”。
这里山高谷深、交通曲折，
堪称普通旅行者接近世界之巅的不普通之选。
6天的徒步让我意识到：
外面的世界在飞速变化，
嘎玛沟却依然原始而充满野性。

○ 马卡鲁峰的最佳观景点、海拔4900米的晓乌拉垭口

DAY 1&2
寻找湿婆的化身

我们临时起意，加入了嘎玛沟徒步行程，这可让占豆开心了好一阵子。

占豆是嘎玛沟管理人员为我们联系的牦牛工。近年来，随着东坡的徒步者越来越多，牦牛也要提前预约了。于是，曲当乡政府委派沟口十几个自然村的村民当起了牦牛工。他们按照所在村庄的顺序轮流分配工作。如果这一天没有派上活，下一回就只能等到半个月后了——占豆的村子就是这不走运的其中之一。

我们这单从天而降的生意，让本已打算半个月后再进山的占豆兴奋不已。他嘱咐过妻子蒸上一屉花卷后，便飞也似的赶往河谷的草地，牵回两头牦牛。

一小时后，我们手捧黑黢黢却又热乎乎的花卷，伴着牦牛脖子上叮叮当当的铃声，踏上了嘎玛沟环线的徒步路途。海拔开始急遽上升，爬不尽的草坡将我们引向了 4650 米处的高原海子晓乌错。

我们第一晚在这里扎营，计划明天去看马卡鲁峰。遗憾的是下午山间起雾，少了阳光照射的晓乌错显得平平无奇。

虽然已经在日喀则市区适应了几天，我们仍然被首晚露营的高海拔折磨得半眠半醒。不过，后半夜哗哗落下的雨水又让我充满期待——按照经验，高原夜雨过后，第二天一早阳光普照的概率会很大。“马卡鲁，马卡鲁……”就像数绵羊一样，我终于又坠入梦境。

天光渐起。我迫不及待地拉开帐帘，只见雨水洗涤过的天穹一片澄澈，山谷尽头的雪山正被朝阳映得火红。等了一夜，终于见到你了——那座吸引所有人目光的威严雪山，就是世界第五高峰、海拔 8463 米的马卡鲁峰。

我们继续向上徒步，来到最佳观赏点晓乌拉垭口（海拔 4900 米）。由此望去，马卡鲁完美地阐释了神山的含义：它呈现出四边金字塔的造型，就像一座从天而降的坛城。据说马卡鲁的称谓来自梵语玛哈嘎拉（Maha-Kala），代表着印度教至高无上的湿婆神。湿婆的性情时而冷酷，时而仁慈，倒颇有些神似这眼前的神山。

○ 藏区牦牛的海拔极限可达 6000 米以上

晓乌拉垭口直面神山，自然成为信众朝拜的圣地。这里的经幡和玛尼堆连绵不绝，一副阵马风樯的气势。藏族牦牛工们陆陆续续通过垭口，嘴里念念有词。他们或俯身叩首膜拜，或在玛尼堆上填放石块。这样的场景让人动容：喜马拉雅山至今还在缓慢增高，或许正是因为众神之力驱使着南亚次大陆朝北极星的方向劈波斩浪。

DAY 3&4
仰望三叉戟

接下来，我们的目标是马卡鲁的卫峰珠穆郎卓峰。珠穆朗卓又叫“神鸟峰”，别看只是卫峰，这“神鸟”的海拔高度足足有 7804 米，仅次于

8027 米高的希夏邦马峰，成为完全位于中国境内的第二高峰。

珠穆朗卓有主峰和一左一右两个侧峰，三者组成的造型和我在尼泊尔珠峰大本营（EBC）徒步路上最喜欢的阿玛达布拉姆峰颇为形似，像一柄威风凛凛的三叉戟——传说中湿婆的法器。

我仰望着珠穆郎卓继续徒步，在泰然接受自己“沧海一粟”身份的同时，又因为山峰的有趣造型而享受到返璞归真的快乐，就连步履也变得轻松起来。

途中，我们碰到了从美国远道而来的洛斯夫妇。老两口和我们同时进山，不同的是装备要齐全得多。他们不仅聘请了向导和牦牛，还备有移动厕所和帐篷客厅，每天清晨都要优雅地对着日照金山，享用一顿咖啡加面包的西式早餐。如今在西藏，碰到小规模的外国旅行者已不太容易，而且他们俩今晚竟不和大部队一起露营。

“下到前面河谷中的巴当，海拔要低一些，也方便我们明天去米拉日巴洞穴。”洛斯夫妇解释道。原来，嘎玛沟也有米拉日巴的修行圣地。米拉日巴是著名的藏密修行者，曾在喜马拉雅山区众多与世隔绝的洞穴中苦修，冰天雪地的季节也只穿布衣，最终习得正果，尤以气功“拙火定”最为大成。

和洛斯作别，我们前往嘎玛沟深处的俄嘎营地（海拔 4690 米）。这里和珠穆朗卓之间只隔了卓琼河谷，底部黑乎乎的碎石便是冰川下碛。嘣嘣轰轰的雪崩声音从对面山峰传来，营地上悠然吃草的牦牛却丝毫不为所动。我们循着一条小溪的源头，爬上灌木丛生的山坡，却意外发现了一口藏在更高处的仙境般的海子。更让人吃惊的是，竟有十几顶帐篷扎营在此：原来这是参加特别定制行程的嘎玛沟摄影团。这口海子名为郎木错，虽离开了徒步主线，它的水面上却完美倒映出珠穆郎卓的三叉戟身影。

DAY 5&6
抵达大本营

黎明前，璀璨的银河挂在穹顶，珠穆朗卓的冰雪清晰可见。悬崖飞瀑的水声听起来是那么寂寥，帐篷里却亮起了一盏盏灯光。我们计划在这一天前往珠峰东坡大本营，所有人都严阵以待，早早开始了征途。

卓琼河谷飘上来的云雾和我们一起向着海拔更高处前进，但显然它

○ 风马旗下的夏尔巴登山者

们要快得多。当我们最终攀上海拔 4950 米的“最佳观景地”白当，已经是“只缘身在此雾中”。大家的情绪陷入一片死寂中——千里迢迢坐着飞机、火车、汽车，又走了 4 天路才辗转来到这里，却在日出之际走进了重重浓雾，雾中的黑影就像魔幻世界里受到诅咒的灵魂。

好在高原的日光穿透力十足，日出时晨雾被一点点退去。猛然间，珠穆朗玛的金色雪峰已露出了顶尖。它就在山谷的尽头，霞光映着冰雪，像极了一把鲜艳的火炬，照亮所有远道而来的朝拜者。白雾已经退回了卓琼河谷，翻涌宛若云河，这之上便是恢宏连绵的雪山之脊，从珠穆朗卓峰、洛子峰（世界第四高峰），直到珠穆朗玛峰。

我们抵达了“传说中”的东坡大本营。从东坡登顶珠峰的记录少之又少，迄今也只有四次；大多数记录来自北坡和南坡。珠峰北坡，绒布寺附近的珠峰大本营已被众多国人列入了心愿单，驱车就可以到达；南坡尼泊尔的大本营，更是外国人打卡乃至攀登珠峰的第一选择，沿途的夏尔巴村落提供齐全的食宿服务。在旅游旺季，这两处已经可以用人声鼎沸来形容了。

好在珠峰东坡之下，嘎玛沟仍旧原始，充满野性。这里需要自带帐篷和物资，像科考队一样用双脚丈量数十公里的山路；沿途不见帐篷营地和登山队伍，只有敬献给珠峰东壁的玛尼堆。而从这个角度仰望世界之巅，实在是极少数人才能收获的难忘体验。

这也恰好在极大程度上保护了珠峰的自然环境——原始森林、高原杜鹃、高山湖泊、草甸野花……各类生物目不暇接。百年前英国探险队初次发现这里时，曾给予它“世界最美山谷”的高度评价，如今看来仍不过时。

当然，嘎玛沟最震撼的依然是那雄壮无比的雪峰天际线，是被世界级高峰迎送到珠穆朗玛脚下的仪式感。而在最后一晚的措学仁玛营地（海拔 4900 米），还可以看到无与伦比的喜马拉雅雪峰群倒影。我躺在营地帐篷里，耳边悠悠传来牦牛工召唤牲口的美妙哨声，很快沉入了梦乡。伟大的珠穆朗玛，下次再见。

从EBC到ACT，喜马拉雅南麓巡礼

文○孙澍

图○视觉中国

○ 霞光洒满博克拉

山在那里

EBC

我去尼泊尔时，旱季已近尾声，扬起的灰尘遮住远天。从加德满都谷地的各个角落，都不像冬天那样极易望见雪山。浓厚的尘雾甚至会影响飞机起飞，我在机场区就足足等了 10 小时。第二天仍是糟糕的天气，不想继续耽搁的我只好加了若干美元，改搭直升机抵达 EBC（Everest Base Camp，即珠峰大本营）徒步的起点——卢卡拉（Lukla）。EBC 的第一天，我走在低山峡谷，视线依然无法穿过灰蒙蒙的云雾。夜色中，筋疲力尽的我抵达了南池市场。这里的海拔已是 3500 米，月朗星稀的天穹倒映出星火斑斑的村镇。

第二天清晨，久违的阳光在窗外跳动——晨光打在南池市场（Namche Bazzar）对面的高山上，峰顶的积雪泛着金光。早安，喜马拉雅山南麓。南池北面山丘上的昆琼（Khumjung）就有珠穆朗玛峰的观赏点。“不不不，那是洛子峰（Lhotse），旁边金字塔形状的才是珠穆朗玛。”当地人纠正着几乎每个徒步者都会犯的错误。的确，从这个角度观赏“女神”，真是妥妥的“矮黑胖”。反倒是世界第四高峰——洛子峰更显高峻，完美地诠释了喧宾夺主的含义。

从这一刻开始，世界级的高度接连显现，铺满了视野。几天后在朱孔（Chukhung），村民指着远处一座山峰：那是世界第五高峰——马卡鲁峰（Makalu）。随后，当我顶着猛然能把人刮走的大风，胆战心惊地爬上朱孔山脊（Chukhung Ri）时，眼前那一堵“努子墙”（海拔7861米）让我立刻明白：这就是横亘在“普通玩家”和“骨灰级玩家”之间的铜墙铁壁——“瑞士机器”乌里·斯特克（Ueli Steck）就是从努

EBC

南麓最经典的线路之一。EBC 即珠峰大本营（Everest Base Camp）徒步，一路走进雪山的殿堂。

线路概况

卢卡拉既是起点，也是终点。只走主线往返大本营需 7~9 天。更多的徒步者会加上 3 天，翻越 Cho La Pass 进入 Gokyo 山谷，再由南池市场返程。不一定要请向导和背夫，尤其当你只走主线、又有一定高原徒步经验的话。

当地交通

一般都从加德满都机场搭乘小型飞机往返卢卡拉。泰米尔（Thamel）随处可见的旅行社都能代办订票，单程 145 美元，可适当还价。若要更改回程日期，可联系订票的旅行社更改（很多旅行社都使用微信）。

补给和通讯

南池市场是 EBC 最大的村镇，可用银联卡在 ATM 取现，也有超市提供各种补给（价格稍贵）。再往上的村落偶有商店，买东西一定要砍价。在抵达潘波崎（Pangboche）前，尼泊尔 Ncell 的手机卡都能提供稳定的 3G 信号。在最后一个食宿点 GorakShep，白天也能收到手机信号。

食宿建议

南池市场有各种档次的住宿地，洗澡和 Wi-Fi 大都不另收费。不妨在南池住得好一些，Khumbu Lodge 甚至有带浴缸的大床房，只要 2500 卢比一晚。吃腻了炒面，可以试试夏尔巴人的纯天然炒土豆。另外，牦牛肉做的牛排有时候只比一份炒面贵 100 卢比！之后的住宿条件会差很多，就连充电也可能另收费。

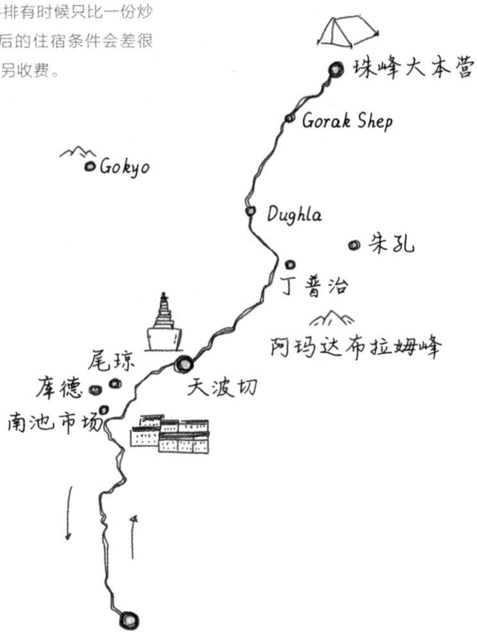

○“阿妈的项链”阿玛达布拉姆峰

子峰（Nuptse）的峭壁上不幸坠落的。

最后几天，当我徒步在有着 EBC 最美支线之称的 Gokyo 山谷时，世界第六高峰卓奥友峰（Cho Oyu）同样为我的行程撑足了场面。不过这场被雪山环绕的盛宴，总有视觉疲劳的时刻。好在还有阿玛达布拉姆峰（Ama Dablam）——虽然 6828 米的海拔只能充当小辈，但遗世独立的它，宛若琼崖上的玉宇仙宫。阿玛达布拉姆在当地语里的意思是“阿妈的项链”，很多徒步者将其视为“最美雪山”的有力竞争者。从昆琼到 Dughla 的几天徒步行程中，总有她在那里，如影随形。而当我路过一家名叫 Rivendell（《魔戒》中的精灵王国）的客栈，透过繁茂的森林，望见“阿妈的项链”的晶莹雪峰时，那一刻真觉得自己是个简单而快乐的霍比特人。

ACT

半个月后，那种简单的快乐感重新袭来。ACT（Annapurna Circuit Trek，即安娜普尔纳大环线）徒步已到第五天下午，告别了绝大部分徒步者投宿的上皮桑(Upper Pisang)，我执意向下一个村庄赶路——Ghyaru，这个名叫“土豆”的小村子，比上皮桑要高出 400 余米。盘山

ACT

ACT 即安娜普尔纳大环线（Annapurna Circuit Trek），沿途的自然景观和人文景观极为丰富，配套设施也十分完善，深受徒步爱好者欢迎。

线路概况

从起点的比斯萨哈尔（Besisahar）到终点的佐莫索姆，需 8~12 天。线路难度不大，只是驼龙山口海拔较高。如果你有高海拔户外经验，无须请向导和背夫，沿途搭伴很容易。

当地交通

加德满都和卢卡拉都有巴士前往起点比斯萨哈尔，一般到达时已是中午，可继续徒步几小时，或搭乘巴士到达 Bhulbhule 或 Ngadi。从终点佐莫索姆可乘巴士或小型飞机直达博克拉。

补给和通讯

查梅（Chame）和马南（Manang）是驼龙山口前最大的两个村落，能提供各种补给。尤其是马南已成旅游集散地，记得多比价。沿线很多村落都有专门的饮用水补给站，出售便宜的纯净水。巴浑丹达（Bahundanda）到穆克提纳斯之间，只能在查梅、马南周边收到信号。

食宿建议

除了驼龙山脚（Thorong Phedi）处的住宿条件简陋（没有 Wi-Fi、无法洗澡、充电收费）之外，沿途其他村落都能找到干净整洁的客栈，部分客栈充电、洗澡和 Wi-Fi 免费，不过前提是在客栈吃饭。在距马南还有半小时路程的 Bragha，甚至还有一家客栈提供桑拿房。对于中国旅行者，更能果腹的食物仍是炒面。记得尝一下古荣人的本地啤酒 Chang，很有特色。

路上夕阳渐斜，安纳布尔纳 2 号峰（Annapurna Ⅱ）就在山谷的另一侧，远方飘来的云雾正在缓缓汇聚。

终于，“土豆”村触手可及。临着山崖的大白塔，几个饭后的村民正在转经。脚下，刚刚走过的山谷已被“云河”淹没，雪白的安纳布尔纳 2 号峰，顶着余晖的皇冠，亭亭玉立在逐渐冷却的世界之上。400 余米海拔的提升，让我意外迎来了雪山王国的这场“难忘今宵”。喜马拉雅的长夜拉开了帷幕，祈祷的呢喃已经消逝，空气中传来了云涛翻滚的声音，竟然清晰可辨。

平心而论，ACT 的风光要比 EBC 更好。起点的 Bhulbhule 海拔仅 800 米，蕉叶婆娑，梯田层叠，吊脚楼外飞瀑垂下——确是一幅典型的亚热带景象。几天后，穿越了落叶林、针叶林、高山草甸、高山石海，我终于登上海拔 5416 米的驼龙山口（Thorong– La Pass）。继续下到另一侧，卡利甘达基河谷（Kali Gandaki Valley）似乎没有遵循垂直自然带的分布规律——巨大的安纳布尔纳群峰挡住了印度洋的季风，荒凉的河谷堪比地老天荒的西藏阿里。至于高度，虽说比不上 EBC 途中能看到的世界第一、四、五、六高峰，ACT 沿途也能看到世界第七高的道拉吉里 1 号峰（Dhaulagiri Ⅰ）、第八的马纳斯鲁峰（Manaslu）和第十的安纳布尔纳 1 号峰（Annapurna Ⅰ）——8000 米级别的天际线，同样仰面皆是。

神在那里

ACT

阴差阳错地错过了卡贝尼（Kagbeni），我的 ACT 行程将提前结束。没想到这最后的半天，竟是这次喜马拉雅山南麓徒步中最艰难的一段。

Lonely Planet《尼泊尔》指南里提醒到，下午的卡利甘达基河谷经常刮起巨风，游客应谨慎勿进。然而错过卡贝尼的我，此时正沿着河谷，一边迎着河滩上的飞沙走石，一边躲开悬崖边掉落的碎石，奋力迈步，前往 ACT 的终点佐莫索姆（Jomsom）。道拉吉里峰早已隐没在漫天尘土，河滩前方却有一个鲜艳的身影慢慢靠近。

黝黑的皮肤、橘色的长袍、浓密的长胡、赤裸的双足……果真是印度教的苦行僧。我见他伸出了手，便塞给他 50 卢比，挥手告别。苦行僧则朝着我来时的方向走去，他应该天黑前就能到达穆克提纳斯神庙（Muktinath Temple）。

在印度教的世界观中，天地万物皆有灵，喜马拉雅山和恒河更是大神的创作。喜马拉雅山中的穆克提纳斯神庙，正好位于恒河源头之一——卡利甘达基河的发源地，因此成为印度教教徒心中的一大圣地。村里颇有旅游胜地的氛围：一辆辆中巴和越野车载着远道而来的信众，沿着尘土飞扬的简易公路开进来，最后 2 公里的朝圣路还能选择马队代步。

神庙中央，信徒们正排着长队朝拜圣殿里的“不灭之火”，火之殿堂的四周则被水所环绕。有人从 108 个牛头形状的喷水龙头下跑过，再跳进圣水池中撩水湿身。深山的气温依然很低，我学着另一些人，用手接住龙头中的水，浇在头顶，为顺利翻越驼龙山口增添几分喜悦。不一会儿，热情的朝拜者已在我的额头点上了提卡。

圣殿旁还有一座金光灿灿的释迦牟尼巨像，正对着道拉吉里峰打坐。就像伊斯兰教将耶稣看作一位先驱，印度教也将释迦牟尼当作毗湿奴的一个化身。许多尼泊尔人提起自己的宗教信仰，也会说印度教和佛教都信。

穆克提纳斯已属于下木斯塘（Lower Mustang）地区。神秘的木斯塘曾建有强盛一时的藏族王国，核心地带的上木斯塘（Upper Mustang）更因长期禁止外国人进入，而被称为“尼泊尔的最后禁地”。不过 2015 年大地震后，尼泊尔便放宽了对外国人进入上木斯塘的限制。

此行我只能在穆克提纳斯周围的几个村庄里，感受几分木斯塘的风情：红、白、青“三怙主”菩萨的色彩，在佛殿、玛尼堆上轮番出现；农夫站在犁上，手拉口喝着黄牛，用古老传统的方式耕种着田野；道一声“扎西德勒”，获得的微笑远比“namaste（合十礼）”更加纯净。

我站在高处，眺望山谷中的卡贝尼和通往上木斯塘的大道，心里已种下新的愿望。

EBC

在 EBC 途中各显神通的夏尔巴人，同样享受着佛陀的加持，是神灵的子民。天波切寺（Tengboche Monastery）处于“阿妈的项链”光芒的映衬下，是徒步路上最具盛名的藏传佛教寺院。不过对于动辄见过拥有千年历史、千百僧尼的藏区大庙的中国旅行者而言，这座灾后重建的小型喇嘛庙并不稀奇。继续往山谷方向的小山脊走去，那里有一排珠峰

○ 尼泊尔木斯塘风光

遇难者的纪念碑，掩映在松杉树荫的光影下。他们就这样永远沉睡在神的国度。

几天后，风雪突然降临 Gokyo 山谷。我找到最近的一家旅馆时，睫毛上已挂满了白花花的雪粒。围着炉子依然嫌冷，我便索性双手插兜站了起来，环视着客厅上方挂着的一幅幅唐卡。几张奖状跃入眼帘，分别是尼泊尔和中国的登山协会发放的珠峰、希夏邦马峰（Shishapangma）登山成功证明，旁边还有几张登山者的照片。女主人正端着热乎乎的炒面（Chowmain）进来，唤我用餐。

“这是我的哥哥，”她平静地说了一句，“3 年前在昆布冰川（Khumbu Glacier）那场事故中遇难了。”窗外夜风如啸，冰封的湖泊时不时传来“咔啦啦”的断裂声。神的世界，就此沉入了黑暗。

人在那里

EBC

“这里真像卡通片里的村庄啊！”南池市场的山坡上，我对新认识的德国小哥说道。

“是啊，”气喘吁吁的小哥回道，“这次来 EBC 徒步，我可是准备了好久，在黑森林锻炼了半个多月呢。”

掏出手机查询：黑森林最高峰海拔 1493 米，我不禁哑然一笑。同为“普通玩家”，我们中国旅行者真是幸福多了，适应高海拔的机会比比皆是：广袤的青藏高原可以任你自由驰骋；想近距离打望珠峰，也有公路直通北坡大本营，但北坡大本营目前已关闭。

外国人若想接近世界之巅，最可行的方案就是 EBC 了，不过往返最少也要 1 个星期。即便如此，世界纪录的魅力终究无法抵挡，许多外国旅行者会将 EBC 徒步列入“一生清单”。

正因如此，EBC 沿途总能碰到各色各样的徒步者。年过花甲的老人团总能碰到几支，也许他们的目标就是到昆琼的珠峰观景点，看一眼世界最高峰便撤退。峰峦层叠的山景吸引了一些人再三前来，他们不再执迷于登到 5000 多米处打望雪山，而是挑一个偏离主线的夏尔巴人村落小住几天。Gokyo 山谷中，我远远地望见一头“怪物”从迷雾中走来。还好那不是喜马拉雅山的“雪人”，而是一个穿着奇装异服的男人，正在高冷稀薄的空气中瑟瑟发抖。据传曾有一群英国人辛辛苦苦地爬到

○ 正在泡茶的尼泊尔男子

Gorak Shep，只为打一场世界上海拔最高的橄榄球赛——海拔 5100 多米的地方，至今竟然还留有一片挂着排球网的开阔场地。

还有人喝起东巴酒（Tongbawine）就两眼打转，感觉妙不可言。东巴是尼泊尔高山民族的特色饮料——将发酵的粟米装进木桶里，兑入热水泡一会儿，就可以用吸管饮用了。在卢卡拉机场候机时，竟然有当地人问我是不是很喜欢东巴，原来他昨晚在饭店看到了我，能以这样独特的形象被当地人记住，也算是不虚此行了。

ACT

EBC 的行路人总有一种“霜打茄子”的感觉。相比而言，ACT 的外国徒步者则活跃多了，也许是因为起始地点海拔很低，之后几天又是

○ 因陀罗节期间，加德满都街头表演的舞者

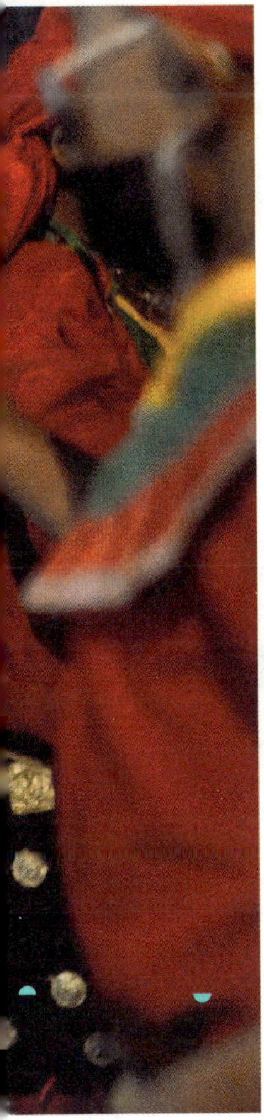

缓慢提升，徒步者有充足的时间适应高原环境。

他们会对 Ngadi 在建的中国援建水电站喋喋不休，当听到中国人在尼泊尔可以免费续签（欧美人则要 2 美元 / 天）时，很可能会无奈地耸耸肩。藏传佛教寺庙前，对着雪山打坐早已是一种司空见惯的“行为艺术”；而翻过驼龙山口，换上滑雪靴一路溜下去，则需要几分胆量和技术。年轻人的团队很是常见，十几个人整齐划一地撑杖迈步，很多都是毕业旅行中的“小鲜肉”“小仙女”。我甚至遇到了乌克兰人、俄罗斯人、美国人和美籍柬埔寨人搭档的神奇组合——染着白发的柬埔寨裔姑娘走路飞快，据说还曾到过珠峰 3 号营地。

比起在国内很热门的 ABC（安纳布尔纳保护区徒步游）和在全球很有名 EBC，ACT 线路上的中国人并不算多。游击战时期这里曾被尼泊尔共产党（毛主义）控制，当时旅行者还要向他们交纳过路费。石头上留下的镰刀与锤子标志，也许是中国人在这里最熟悉的形象了。

回国的飞机在加德满都机场上方盘旋了整整一圈。我专门选择了前往昆明的航班，又提前挑好了左翼的位置。西北方向的安纳布尔纳等群山一闪即过，半个小时后，珠穆朗玛峰在日落前熠熠发光。喜马拉雅群峰划出一道绚丽的光芒，那壮阔的全景是神的创作，是山的奇迹。而在那些密密麻麻的山峦河谷中，蝼蚁一般的旅行者，正见证着梦想的实现。

百年前，
俄国探险家谢苗诺夫的天山大冒险，
揭开了这块旅行处女地的秘密；
百年后，
我追随他的足迹，
抵达伊塞克湖畔，
品尝徒步天山的苦与乐。

天山游记

文○刘子超
图○刘子超、视觉中国

○ 太阳把山谷照得金光闪闪的，河水欢快地奔涌着，马群在不远处弯腰吃草

向卡拉科尔进发

在圣彼得堡的亚历山大公园，我看到过俄国探险家尼古拉·普热瓦利斯基（Nikolay Przhevalsky）的雕像。普热瓦利斯基生于白俄罗斯的贵族家庭，曾在华沙军事学院教授地理。从青年时代起，他就立志要前往西藏拉萨探险，然而一生都未能实现这个目标。

1888 年，普热瓦利斯基在比什凯克附近猎虎，染上了致命的斑疹伤寒。他知道自己命不久矣，让人将他抬到了天山脚下的小城卡拉科尔（Karakol），最后死在了那里。苏俄时代，那座小城一直被称为“普热瓦利斯基”。

有一则流传甚广的政治八卦：斯大林可能是普热瓦利斯基的私生子。这不仅是因为两人高度相似的相貌，也因为普热瓦利斯基是个浪子。不过，没有证据表明普热瓦利斯基去过格鲁吉亚，或者曾在那里拈花惹草。

这位探险家的一句名言是：“我永远不会背叛我的理想，这是我一生的追求。一旦我写完所有必要的东西，我就会回到沙漠……在那里，我将会比在婚姻这座镀金沙龙里幸福得多。”

此时，我乘坐的小巴正向卡拉科尔进发。司机 60 多岁，戴着白色毡帽，长着一张吉尔吉斯牧民的脸——他骑马的岁月很可能比开车更长。我身边是一个年纪轻轻的男子，抱着一个花花绿绿的小包裹。直到小包裹里发出一声微弱的呜咽，我才发现里面竟然是个婴儿，可能刚刚出生，甚至还无法睁开眼睛。男子轻轻拍打着小包裹，但脸上看不出任何表情。

窗外是低矮的村子，在村与村之间的过渡地带，可以看到伊塞克湖在空气中闪着蓝光。小巴经过哥萨克村庄阿纳耶沃（Ananyevo）。它以一位苏联烈士的名字命名。在一场与德国人的惨烈战役中，这位烈士和 700 名来自伊塞克湖地区的哥萨克士兵全部阵亡，阿纳耶沃村因此失去了所有的成年男性人口。小巴掠过一座战争纪念碑，一座古朴的东正教堂，村子寂静得如同一潭死水。我身边的男子在这儿下了车，紧抱着小包裹，里面是阿纳耶沃村未来的希望。

伊塞克湖

伊塞克湖是仅次于南美洲的的喀喀湖的世界第二大高山湖，约 170 公里长，70 公里宽，终年不冻。湖区有多条徒步旅行的线路，湖滨遍布温泉度假场所。

在《天山游记》里，俄国探险家格里戈里·谢苗诺夫（Grigory Semyonov）描写过与他随行的哥萨克人。在天山地区考察时，谢苗诺夫无法点燃从瓶子里倒出来的酒精。他发现，原来是哥萨克人偷喝了一半，又掺了一半水，冲淡了酒精。谢苗诺夫写道，为了防止哥萨克人偷喝，必须当着他们的面，把最剧烈的毒药掺入酒精，然后给一只狗喝一点，狗立刻死了。只有用这种办法，才能确保哥萨克人不敢偷喝珍贵的科考材料。

○ 伊塞克湖沿岸，遍布度假村落

谢苗诺夫主管俄国地理学会长达40余年。他鼓励亚洲内陆的探索，受其影响的后辈就包括普热瓦利斯基。3个小时后，小巴抵达了昔日的普热瓦利斯基——如今的卡拉科尔。我意外地发现，这竟是一座规划整齐的小镇，遍植杨树和云杉。

卡拉科尔位于伊塞克湖的最东侧。近在咫尺的天山，宛如一道雄伟的屏障，将吉尔吉斯斯坦与中国新疆的阿克苏地区隔开，也让卡拉科尔成为徒步天山的大本营。这里有不少西方旅行者，也出现了不少面向外国登山者的旅馆和旅行社。你可以在这里雇用向导，租赁设备。如果付出足够的金钱，甚至还可以雇一架直升机，将你直接送到天山主峰之一——汗腾格里峰脚下。在那儿的蒙古包里，你将度过昂贵而难忘的一夜。

我住进一家舒适的旅馆，弄到一个凡·高“阿尔勒卧室”似的小单间。房间的窗子正对天山，旅馆院子里拴着一只羊，院外传来鸡鸣声。一阵狂风从山口的缝隙中吹来，杨树叶“哗哗”作响。天空变成蓝宝石颜色，我随即闻到雨的气息。天山如同阴沉着脸的巨人，耸立在那里，覆盖着积雪。我开始担心它反复多变的天气，因为我正打算在天山深处徒步几日。

CBT的办公室位于一栋苏联时期居民楼的一层。房间的墙上挂满地图，桌上杂乱地堆放着书本和文件夹。CBT意为“社区旅行（Community Based Tourism）”，创办的初衷是为了让旅游业带动当地居民的收入，因此受到推广。我走进办公室时，正有一对比利时情侣咨询骑行天山的补给问题。他们是从布鲁塞尔一路骑到这里的。

“没问题，没问题，没问题。”办公桌后的男人连说了3遍。

等比利时情侣走了，我就向他咨询雇用向导的问题。

他说了一个价格，每天1000多元人民币。我还没见过这么贵的向导。显而易见，这里的CBT已经偏离了社区旅行的初衷，成为一个骗人的噱头。我出门朝瓦伦蒂诺家走去。瓦伦蒂诺是本地俄罗斯人，很早就从事天山向导的工作，最初带着苏联人，现在则是外国佬。

瓦伦蒂诺家有个大院子，但院门紧闭，也没有任何标志。我刚敲了几下，里面就传来凶悍的狗吠声。我又敲了几下，狗叫得更厉害了。大门开了，一个穿着毛背心的老人站在门口，应该不是瓦伦蒂诺。老人严厉地喝退了那只恶狗。

院子里种满花花草草，不过更引人注目的，是那些到处堆放的报废汽车和摩托车零件，仿佛一座钢铁机器的屠宰场。车库门敞开着，里面停着一辆组装的汽车和几辆组装的摩托车。我应该没找错地方，听人说过，

普热瓦利斯基花园

尼古拉·普热瓦利斯基是野生双峰驼和普氏野马等物种的发现者，曾深入蒙古、准噶尔盆地、罗布泊、中亚等地进行探险活动。1888年，普热瓦利斯基去世后安葬于伊塞克湖畔的Pristan，花园成为纪念他的博物馆，馆藏的照片、地图等均有英文介绍。

瓦伦蒂诺以前是苏联军队的汽修专家。

我问瓦伦蒂诺在不在家。

“我是他的老丈人，”老人说，“瓦伦蒂诺去山里了。”

因为一颗牙都没有，老人说话的声音有点奇怪，仿佛是一种独特的“无牙国”语言。

我指着那些组装车，竖起大拇指。

“都是垃圾。”老人平淡地一挥手。

我说冒昧打扰，是想来咨询徒步线路的。既然瓦伦蒂诺不在家，我只有先告辞。

老人让我等一下。他转身走回房间，然后又拿着一张快散架的地图走出来。这是苏联时代的军用地图，标注着附近的徒步线路。老人用被香烟熏黄的手指，指着其中一条线路：从卡拉科尔到附近的小村阿克苏，再沿着阿克苏山谷挺进（大约6小时），直抵天山深处的阿尔金阿拉善（Altyn–Arashan）——那里有吉尔吉斯人的大帐，还有美妙的硫黄温泉。

○ 旅行者在汗腾格里峰脚下安营扎寨

徒步大雨中

我把大件行李寄存在旅馆，告诉老板我几天后回来。我随身只带了一个背包，里面有简单的洗漱用品、雨伞、瑞士军刀、一小瓶“吉尔吉斯斯坦”牌白兰地，还有一本谢苗诺夫的《天山游记》。

出发的清晨下着小雨，天山笼罩在一片云雾中。我坐着乡村小巴来到阿克苏，穿过寂静的村子，向着山谷深处走去。山间飞起漫天的乌鸦，仿佛一场大火后被风吹起的灰烬。它们怪叫着掠过灰色的天空，纷纷扬扬地落在一片草坪上，然后雕塑般定格在那里。

山谷中是急促的卡拉科尔河，泛着白色浪花，像鼓声一样响动。山谷本身则是美妙的，到处是云杉、圆柏和花楸树，草地上开满紫色的薰衣草和白色的忍冬花。

开始时，道路较为平坦，但很快就变成难以下脚的卵石路。那些被河水冲刷的卵石有大有小，很多时候甚至需要手脚并用，才能爬过一段险坡。

○ 卡拉科尔河畔的温泉小屋

最初的一个小时，只有我独自走在大山深处，没遇到一个人，周围是还没有被征服的风景。不久，天色变得越来越暗，山谷里阴云密布，隐隐传来滚动的雷声。

第一滴雨点落下来的时候，我抬头看了一眼天空。阴云在头顶缭绕，空气中饱含着水汽。雨水像游牧民族的大军，成批地落下来。气温顿时骤降，即便穿着外套，依然寒气逼人。山间的树林变得更加幽暗，河水翻滚着冲击石头，掀起巨大的浪花，声音也似乎更响。

雨很快呈瓢泼之势，山在远处消融了，甚至一度看不清眼前的道路。即便我撑着雨伞，也无法阻挡被寒风裹挟的雨水，从伞下面钻进来。我加快脚步，希望身子能暖和起来，更希望尽快到达落脚之处。我始终留意着路上有没有马粪，有马粪就说明我走在正确的道路上，说明前面——虽然不知道还有多远——有吉尔吉斯牧民，有住处，有食物。

一个徒步的外国人迎面而来。直到 10 米之内，我们才在大雨中互相看到对方。他是专业徒步者，装备齐全，背着大行李，穿着防水夹克。雨水顺着他的大胡子滴滴答答往下淌。长时间的艰难行走，让他的面容变得严肃而沉默：他瞪着眼睛，紧闭着嘴唇，仿佛一个宗教受难者。我们点了一下头，然后在山路上错身而过。

我转过头喊：“到阿尔金阿拉善还有多远？”

他也只是喊了一声：“很远，至少还有 5 个小时。”

我已经走了 3 个小时。这只能说明，在大雨中徒步，让我丧失了时间观念，也大大降低了速度。晴天时，这条路需要 6 个小时，但在雨中变得无法估测。

渐渐地，走路变成了一种机械运动。我甚至感受不到冷，也无所谓雨水的肆无忌惮。我的鞋和衣服早就湿透了，这让打伞的行为本身多少显得有些滑稽可笑。我一直在向上走，不时绕过山丘。我时常幻想，下一座山丘背后就是开阔的阿尔金阿拉善山谷。正是这样的幻想，维持着我的机械运动。我也幻想着一顿热乎乎的午餐：大量的碳水化合物、热茶、我的白兰地。在《天山游记》里，谢苗诺夫写过他的晚餐——羊尾油煎泡软了的黑面包干——听起来真好。

5 个多小时后，一片绿色的山谷终于在我面前打开了。远处有一片白色的蒙古包，宛如海市蜃楼。一个牧民家的男孩骑马跑过来，见我一身狼狈就邀我上马。草地已经吸足了雨水，成了一片小沼泽，马蹄踏上去“噗嗤噗嗤”响。男孩把我送到河边的定居点前，只见河岸高处的空地上，散落着几座蒙古包，还有一栋冒着炊烟的木屋。

听到马声，一个吉尔吉斯男人从木屋里走了出来。他穿着夹克，戴着帽子，脚下是一双沾了泥的登山鞋。他把我迎进木屋旁边的“餐厅”——那是一个用防水塑料布围起来的空间，里面摆着木桌和长条凳。他说他叫穆萨，是这家客栈的老板。他手下还有一个帮工，兼做厨师。这位厨师好像是东干人，戴着穆斯林小帽。他为我送上一壶热茶，又端上一盘抓饭。雨已经停了，空气依旧湿冷，山谷内升起一团白雾。

见我一副很冷的样子，穆萨指着河对岸的一个小木屋告诉我，那就是泡温泉的地方。狼吞虎咽地吃完饭后，我拿着穆萨给的钥匙，跨过一座小桥，走到木屋前。所谓“温泉”，就是在泉眼附近挖了一个蓄水池。泉水不停注入池中，溢出的部分则通过排水管流进河里。温泉有股硫黄味，冒着轻微的气泡，我半躺在池里闭上眼睛，耳边只有卡拉科尔河的流水声。经过 8 个小时的长途跋涉，温泉如同上天的馈赠。

等我回到穆萨那里，他正坐在餐厅的长凳上，拿着望远镜窥视对岸的人。原来，几个欧洲女人刚从温泉出来，穿着比基尼。穆萨不好意思地放下望远镜，“嘿嘿”地笑了，说带我去蒙古包。他把铺在蒙古包穹顶上的羊毡扯掉，让光线从上面洒进来。他又抱来一捆木柴，在炉膛里升起火。炉子很快热了，我把湿鞋放在旁边烘烤。一串白色的水汽瞬间腾起来，鞋子发出“滋滋”的响声。

蒙古包里暖和起来，我一边小口喝着白兰地，一边阅读《天山游记》。我发现 1857 年谢苗诺夫第二次去天山旅行时，也到过阿尔金阿拉善，也在靠近温泉的地方安营。

当时温泉的木门上有保存完整的藏文题词。温泉同样流入一个长 2 米、宽 1 米、深 1 米的水池，池子的四周由花岗岩围着。他测量出的水温是 40℃，而营地的绝对高度是 1810 米。他写到自己的兴奋，因为这是他“深入天山中心遇到的第一条山谷”。在一盏油灯下（“把干粪块插在一大块羊尾油上”），他开始写日记，把当天采集到的珍宝——外伊犁高山植物群的稀有植物——夹在吸墨纸里。

傍晚时分，我合上《天山游记》，走到蒙古包外。那位东干厨师正跪在空地上，向着麦加的方向祈祷。他还能说简单的汉语，带着甘肃口音。他告诉我，他的祖上是陕甘地区的回民。同治年间，陕甘回乱，一批回族迁徙到中亚，很多就定居在伊塞克湖地区。他夏天来这里帮工，冬天回到卡拉科尔。他的老婆孩子都在那里。

东干清真寺

这座木质清真寺位于卡拉科尔，由当地东干族在 1907 ~ 1910 年建造。它是镇上 9 座清真寺中唯一经历过布尔什维克时代而未被损毁的一处。

“你想过回中国吗？”我唐突地问。

“我是吉尔吉斯人，”厨师说，“中国离我太远了。”

虽然中国就在天山的另一侧，可不知为什么，我也感到自己身在一个遥远的地方。

说话间，我的蒙古包里又住进两个从卡拉科尔徒步过来的旅行者。他们是瑞士大学生，女孩叫莫妮卡，男孩叫尼古拉。他们似乎不是一般意义上的情侣。短发的莫妮卡似乎在关系中扮演着男性角色，而尼古拉的举手投足则有些女性化。

他们洗完温泉回来，一边晾着头发，一边商量第二天的行动。他们问我是否有兴趣去附近的高山湖。他们听说，徒步到那里只需要3个小时。

“应该是一场轻松愉快的散步，”尼古拉说，“你可以和我们一起。”

睡觉前，我从外面抱回一捆木柴，手上全是松木的清香。我把炉火烧旺，除了门口附近的烂泥，别的地方都开始变得干燥。尼古拉脱掉外套，只剩一件松松垮垮的内衣。他把眼镜折起来，放进眼镜盒，塞在枕头下，把身子陷在褥子和毯子的坑里。睡在旁边的莫妮卡则穿着一件男士背心，翻着一本瑞士人写的旅行文学——《世界之道》（*L'usage du monde*）。炉火噼啪作响，但红光会渐渐暗下去，越来越暗，直到我们被黎明的轻寒冻醒。

○ 一只气定神闲的旱獭

雪豹

雪豹这一珍稀动物是吉尔吉斯斯坦的国家象征之一。阿尔金阿拉善生活着大约20只雪豹。

结伴同行

第二天早上，我走出蒙古包，发现自己置身于一座迷人的山谷。雾气已经消散，到处是鲜亮的绿色。云影投射在白雪皑皑的山峰上，阳光下的卡拉科尔河跳跃着。马群像碎芝麻一样，散落在起伏的山水间。

我和尼古拉、莫妮卡结伴而行。我们沿着卡拉科尔河的一条支流溯流而上。山路时而陡峭，时而平缓。有的地方滚动着落石，有的地方被河水截断。然而风景始终美好，视线所及处皆是幽绿的森林。

我们聊着天。我好奇，作为瑞士人，他们为什么会来“中亚的瑞士”旅行？尼古拉说，来中亚是他们一直以来的心愿。他和莫妮卡从中学开始就是同学。当时他们问过彼此，如果有一笔钱，最想去哪里旅行，两人都觉得是中亚。他们的旅行从哈萨克斯坦开始，游完吉尔吉斯斯坦之后还要去乌兹别克斯坦。他们不是专为登山而来，他们其实更期待一场“文化之旅”。“不过，既然来了吉尔吉斯，我们决定不浪费机会，顺道来天山看看。”莫妮卡说道。

我问他们觉得天山和阿尔卑斯山相比如何。

“有些地方确实很像，但天山更野性。”莫妮卡说，“在阿尔卑斯山，

○ 天山的经典镜头：雪山为远景，森林为中景，草甸和马儿为近景

你总能看到房子，知道里面有一整套现代化的舒适设施。但这里，什么都没有。”

不过，也正是“什么都没有”让他们感到满足。尼古拉说：“在天山，你能想象出阿尔卑斯山几百年前的样子。”

一个吉尔吉斯牧民骑马赶着一群山羊下山。与我们擦肩而过时，他好奇地打量着我们，面孔黑亮。他走了一条更近也更陡峭的小路。途中，马蹄滑了一下，马打着战，眼珠一个劲儿地转动。吉尔吉斯人从容地勒住缰绳，嘴里发出“啧啧”的声音，就靠这点力道和嗓音，让马重新镇定下来。我们看着他消失在山谷的远方。

“住在这里的是‘喀喇吉尔吉斯人’”我说，“在突厥语里，‘喀喇’是‘黑色’的意思。”

莫妮卡微笑着说：“他确实很黑。”

“天啊！快看这是什么？”尼古拉突然喊起来。

我们走过去，发现地上有一朵白色的小花。

“这是瑞士的国花——雪绒花，”莫妮卡说，“在阿尔卑斯海拔3000米以上才能看到。”“我们现在的海拔是多少？”

○ 雪绒花

“应该有3000米了。”

我们已经走了3个小时，传说中的高山湖泊依然不见踪影，眼前依旧是一成不变的山谷。莫妮卡说，她是在卡拉科尔的CBT办公室听说的高山湖泊。她在手机地图上标出了湖泊的位置，然而这里没有信号，她只能通过离线地图看到当初的标记。至于离这个标记还有多远，却无从知晓。

我们爬到一个山坡上眺望。一片宽阔而平坦的山谷，像沙盘一样展现在眼前。我们没有看到湖泊，但看到一顶白色的帐篷，孤独地扎在山谷中。我们决定先走到帐篷处。

帐篷看似不远，可实际又用了半个小时才走到近前。一个穿着红色棉坎肩的吉尔吉斯女人正在外面生火。看到我们，她放下手中的柴火，嗓子眼里发出“嗬嗬”的声音。她是个聋哑人，还得过小儿麻痹症，走起路来一跛一跛的。她的脸又黑又红，布满风吹的裂痕。

女人嘶哑着嗓子，请我们进去坐坐。帐篷里的陈设极为简单：一个火炉，一块地毯，一堆被褥。除了一把手电筒，看不到任何现代生活的痕迹。帐篷里有两个五六岁的小男孩，正在地上拍洋画。尼古拉试着跟他们说话——用英语——但似乎把他们吓到了。他们扔下洋画，躲到了角落里。

透过堆成小山的被褥，看着我们这群不速之客。

哑女人为我们端来三碗发酵的马奶酒。尼古拉和莫妮卡犹豫着不敢喝，而我一口气喝完。“她难道就一个人生活在这里？”尼古拉小声问我和莫妮卡。莫妮卡耸耸肩。

“她的家人可能在山上放牧，”我说，“你看，这里有很多条被褥。”

几百年来，这些喀喇吉尔吉斯人就在高山高寒地带过着艰苦的游牧生活。在这里，时间仿佛凝固了。

莫妮卡问哑女人湖泊在哪儿。她听不懂。后来她指着前面，但说不出多远。

我们决定继续往前走。莫妮卡很自信地表示，只要一直沿着河水走，最终就能到达湖泊。

“可我们已经走了4个小时，还没看到湖的影子。”我说。尼古拉说：“也许是因为我们走得太慢了。”

我们和哑女人告辞，继续上路。河谷很宽，也很平坦，但我们已经爬到了海拔很高的地方。两侧的山峰上可以看到还未融化的积雪。马群散落在这片高山牧场上，静静地吃草。除了隐约传来的水声、风声和我们的喘息声，周围没有一点声音。

我们又走了一个多小时，河水在前方拐了一个弯，从两座山的缝隙间钻了过去，山间弥漫着雾气。此时，离我们出发已经有6个多小时了。我们依然没有看到湖泊。每个人都感到了绝望。这本是一场“轻松愉快的漫步”，结果变成了又一次长征。

“大概还有1公里，可能翻过前面那座山就是。”莫妮卡看着手机说，但口气已经没那么自信。“你是说那座山吗？”尼古拉指着前面问。“对。”那是一座雪山，雪线在山体一半的高度。

“我觉得湖就在山那边，”莫妮卡说，“看上去像。”然而，我们都知道，我们身上的非专业装备不足以应付可能发生的状况。这让我们沉默下来，感到进退维谷。

“听着，湖并不重要。我们已经走了6个小时，回去还要再走6个小时。我们一路上已经看到了美景，也见识了真正的吉尔吉斯人的生活。我们用不着非走到湖才觉得完美。”我说。

莫妮卡和尼古拉看上去松动了。我们准备往回走，却发现回去的路上一片漆黑，一场山区常见的暴风雨正在酝酿。远处的天空已经变成青黑色，云层迅疾翻滚着，而我们即将进入青黑色的边缘。

“如果我们现在往回走，肯定会赶上暴风雨。”尼古拉说。

“如果我们往山上走，可能会碰到更危险的东西。”我说。

“我们翻过这座山，如果看到湖，就在湖边吃饭。如果没有，我们就返回。”

“我不想一个人，”尼古拉对莫妮卡说，“我跟着你。”

“那我们走吧。”莫妮卡说。

我试图劝阻他们，但他们不听。最后我们商定，我先回去，在哑女人的帐篷处与他们汇合。

我看着他们向雪线处走去，仿佛长征电影中悲怆的长镜头。过了一会儿，他们进入了云雾区，从视线中彻底消失了。

逃过一劫

此时，天空阴沉得如同密封的罐子。一阵狂风袭来，夹杂着第一批冰雹。大自然好像震怒了，看上去面目狰狞。我浑身发抖地往回走，实在有点不知所措。这时，我看到远处有 3 个吉尔吉斯牧民。他们正迎着风雨，驱赶马群回家。我大声呼喊，但声音瞬间被风卷走，变成无力的哀鸣。我尽量大幅度地挥手，终于被牧民看到。他们甩着鞭子，骑马向我跑过来，三只牧羊犬跟在身后。

年纪大的牧民戴着白色毡帽，穿着雨衣，骑着白马；两个骑枣红马的年轻牧民穿着短大衣，把帽子拉起来。3 匹马把我围在中间，喷着响鼻，唾沫和雨点夹杂在一起，牧羊犬躁动不安地在马蹄间打转。

我用破碎的俄语加手势告诉他们，我想返回前面的帐篷。那个年纪大的牧民听懂了。他点点头，拍了拍身后的马屁股。我爬上去，坐在他的身后。

我们在暴风雨中转场。年轻的牧民不时大声吆喝着，招呼散落在山谷中的马匹加入队伍。在灰色的世界里，马群向前奔驰，牧羊犬跟在侧翼。我们的队伍越来越浩荡，如同一支威风凛凛的大军。一匹枣红马不听口令，兀自在远处吃草。那个年轻牧民咒骂了一句，挥鞭朝那里奔去，嘴里发出威胁性的呼喊，直到那匹枣红马乖乖地向我们跑过来。

马背上，3 个吉尔吉斯牧民神色自若。在这片荒凉的高山牧场，他们才是真正的主人。他们熟悉这里的每一个地方——小河、山脊、可以充当标志的树木。我在外面世界赖以生存的智慧，在这里毫无用处。

○ 牧民骑马归家

我们回到白色帐篷，结果这就是 3 个牧民的家。他们是父子 3 人，而哑女人是大儿子的老婆。看到男人们回来，哑女人“咯咯”笑起来。她赶快生起炉子，趴在地上用嘴吹着火苗，然后向炉膛里添进柴火。她把一个早已熏黑的大水壶放在炉子上，开始烧水沏茶。

一绺光线飘进帐篷，带来外面世界暴怒的回响，3 个牧民鱼贯而入，雨滴顺着帽子往下落。等门帘垂下，世界又被关在了外面。牧民父子脱掉鞋子，把湿外套挂在炉子上方。水滴滴哒哒落在炉子和水壶上，“呲呲”地响着。

在地毯中间，哑女人摆上自制的面包、一碗蜜饯和大块黄油，然后为我们倒上热茶。老牧民的大儿子掰下一块面包，挖起一勺黄油，抹在上面，又涂上蜜饯汁，大口吃着。小儿子若有所思地吸溜着碗里的热茶。那两个五六岁的男孩，坐在旁边，看着大人们。

我告诉老牧民，我在等我的朋友回来，但他们似乎听不太懂。我拿出手机，给他看里面的照片。他一张一张地翻着，眼睛瞪得很大。我不时告诉他照片拍摄的地点，可是那些城市的名字，就像扔进河里的小石头，激不起什么反应。只有提到“莫斯科”时，老牧民才恍然大悟地点点头——“莫斯科”也曾经是他的国家的首都。

喝完茶，吃完面包，暴风雨也过去了。我跟着两个小男孩走到帐篷外面，看雨后的山谷。太阳把山谷照得金光闪闪的，河水欢快地奔涌着，马群在不远处弯腰吃草。

牧民的大儿子走出来，伸了个懒腰，然后带着他的两个儿子去捕兔子。他拿出生锈的铁夹子，敲敲打打一番，然后用锤子试验效果。“啪”的一声，铁夹子合上了，两个小男孩笑着拍手。

我跟在他们身后，去找兔子洞。我们爬上一个小山坡，很快发现了一个洞口。牧羊犬激动不安地跑过去，把半个身子探进洞里，一个劲儿地刨土，因为钻不进去而懊恼地叫唤着。老牧民的大儿子呵斥了一声，它乖乖地退出来，摇着尾巴走了。

老牧民的大儿子把铁夹子放在洞口，把固定用的铁钉深深钉进旁边的土里，他让两个儿子去拔草，然后用草叶小心翼翼地覆盖住铁夹子的机关。他把最诱人的一团草故意放在会触动机关的位置上，只要兔子忍不住凑过来，就会被当场夹住。设置完机关后，我们回到帐篷处。老牧民招呼两个儿子继续放牧。他们懒洋洋地骑上马，呼唤着牧羊犬，又像带兵的将军一样，赶着马群走了。

在帐篷外，哑女人在准备烤馕。她生起火，把一口大黑锅架在火上，烤得滚烫。她拿出一个生面团，揉成馕的形状，然后把它平铺在铁锅里。她盖上锅盖，烤了一会儿，又把炉子底下的炭火拨出来，用铁铲铲到锅盖上。这样大铁锅就变成了两面加热的烤箱。10 分钟后，她揭下锅盖，里面已是一个烤得焦香松软的大馕。

她把馕拿进帐篷里，用布盖上，留作晚餐。

我在帐篷里等到了黄昏，尼古拉和莫妮卡依然没有回来。我爬到高处眺望，一路上也看不到他们的身影。我给他们留了个字条，决定趁天亮赶回阿尔金阿拉善。我向哑女人和两个小男孩告别，他们一直朝我挥着手，直到看不见为止。

等我回到阿尔金阿拉善，最后一抹天光已经不见了，只在河面留下几处极淡的微光。我找到穆萨，向他说明事情的经过。穆萨听完后，摇了摇头，表示现在没有办法，只能等天亮以后再说。

那晚，我独自睡在蒙古包里。我蹲在炉火边，把木柴扔进炉膛，看着火苗舔舐着木头的边缘，明亮地蹿跳，然后渐渐蔓延。我想着尼古拉和莫妮卡，不知道他们此时身在何方。

等我醒过来时，蒙古包里仍然一片昏暗，但我听到了身边低沉的呼噜声。我以为自己听错了，转头去看，只见尼古拉和莫妮卡正睡在各自的铺位上，连外衣都没脱，尼古拉甚至还戴着眼镜。

吃过早饭，我回到蒙古包，他们已经醒过来。

“能活着真好。”尼古拉看到我说。“我也这么想，发生什么了？”

原来，与我分手后不久，他们就遭遇了暴风雪。他们一度打算回撤，但山体陡峭，下山困难。他们只好咬牙前行。到了雪线的地方，脚下全是厚厚的积雪，而他们只穿着普通运动鞋。最后，他们用了一个小时才翻过那座山。

他们没有看到湖泊，前面是另一座荒凉的山谷，淹没在一片雾气中。

他们休息了片刻，因为太冷，开始往回走。雪已经覆盖了石头，看不到上山走的那条路了。他们在接近冰点的温度里，小心试探着，结果还是一脚踏空，失足滚了下去。他们记得自己一路翻滚，最后卡在一块石头上。所幸，两人都只是轻微擦伤。

回到山下，暴风雨已经过去，但草地上全是积水。他们深一脚浅一脚地往回跋涉，终于在天黑以后回到了哑女人的帐篷。此时，他们都已经筋疲力尽。他们在帐篷里吃了烤馕，喝了热茶。最后，老牧民的两个

○ 帐篷里，牧民席地而坐，盘腿吃饭

儿子骑马把他们送了回来。那时已是深夜，他们累得顾不上脱衣服，就倒在了铺位上。

“我们打算在这里好好休息一天。”莫妮卡说，“你呢？”

“我打算回卡拉科尔。”

“真高兴认识你。”莫妮卡走过来，抱了抱我，然后是尼古拉。他比莫妮卡瘦得多。

我找到穆萨，准备雇马下山。穆萨告诉我，瓦伦蒂诺在这里，他有一辆自己改装的苏联吉普，还剩一个座位。我想象了一下吉普车开在山路上的情形，那应该和钻进滚筒洗衣机差不多。“我还是骑马吧。”我说。我雇了一匹马，和一个吉尔吉斯向导一起，花了 3 个小时，回到了人间。

神奇动物在这里——沙捞越的雨林魔法世界

文◎沐昀
图◎沐昀

◎ 遮天蔽日的森林中雾气氤氲

遮天蔽日的森林中雾气氤氲，
蓊郁的灌木叶片油绿欲滴，
丛生杂草间不时闪现过影影绰绰的身形，
这是我从小无法自拔的雨林梦。

当你在丛林深处与未知生命不期而遇的一刹那，体验到的激动与慰藉无法用影像、文字或任何转述的方式替代。在马来西亚的沙捞越州走入热带雨林，或许你便在无意之中，找到人类尚未从自然中“断奶”的时代，踏上了祖先披荆斩棘的远古之路，邂逅在此世代为家的丛林主人。

巴哥国家公园：夜行者的丛林法门

虽然是马来西亚最大的州，但沙捞越一直没走入寻常旅行者的视线，沙巴（Sabah）、仙本那（Semporna）的碧海蓝天才是人们想象中的大马风情。沙捞越少有那样的美妙沙滩和潜水胜地，但并不缺少广袤蛮荒的绿色海洋。尽管从 Google Earth 的卫星地图上看，在沙捞越的腹地，热带雨林已经像一块被撕扯的破布，满目绿色中出现了越来越多的缝隙，但在遍布全州的 27 个国家公园里，幸存的热带雨林得到了很好的保护。为了减少游客对森林造成的负担，一些国家公园甚至会用高昂的费用限制人流。

沙捞越最古老的巴哥国家公园（Bako National Park）和以洞穴地貌著称的世界自然遗产姆鲁山国家公园（Gunung Mulu National Park），则是普通旅行者深入体验热带雨林的绝佳选择。它们的进入费用低廉，设施相对完善，以徒步、探洞等各种方式徜徉其中，如同手握一把把打开雨林的钥匙，旅行者可以全方位了解雨林的缤纷样态。

“现在，请大家把手电筒和头灯都关掉吧，我们来见证雨林魔法。”向导走到一处毫不起眼的林地旁边，停了下来。大家面面相觑，在伸手不见五指的雨林夜晚，关掉照明设备不就等于自废双目？熄灭灯光后，密林里霎时一片漆黑。我举头四顾，希望能借助星月之光努力适应这种城市里没有的绝对黑暗，可是天空被高大的乔木遮挡得严严实实。这时，

○ 来自姆鲁山国家公园的濒危动物——懒猴

向导请大家低头看脚下，黑暗中响起一阵阵轻轻的惊叹——我们脚踏的草地上，竟然不知从何时亮起了荧荧微光。向导解释说，这是婆罗洲雨林特有的一种蘑菇，它们的体形小到肉眼很难看到，却能在夜晚发出成片荧光，吸引昆虫前来帮忙传播孢子，繁衍生息。虽然极其微弱，但在每个夜晚，一定有千百块这样的空地亮起点点星光，连成雨林中的星系。

在沙捞越的巴哥国家公园，夜观（night walk）是非常受欢迎的一项活动。大部分雨林动物都在夜晚最为活跃，所以即便走的是同一条雨林栈道，所见也比白天精彩得多。在一睹荧光蘑菇芳踪之前，我们已经在向导的帮助下，发现了盘踞于灌木枝头的韦氏竹叶青、翡翠般精致的雨蛙、比整个手掌更长的竹节虫，以及如彩虹般绚丽的三趾翠鸟。向导还教会我们发现蜘蛛的方法：由于蜘蛛的单眼会反射灯光，只要把灯照向前方，木栈道上每一个如钻石般闪耀的光点便透露了蜘蛛的行踪。这些城市人闻所未闻的丛林法门，让我们大开眼界，如痴如醉。

作为沙捞越最早成立的国家公园，巴哥在植被和生态系统上拥有不可替代的意义。国家公园的服务中心是游人最重要的根据地。旅行者一般都会在公园的范围内活动，服务中心则提供了几日行程中唯一的食宿和交通来源。在中心缴纳房费、拿上钥匙，工作人员便会分配一间美丽的独栋小屋给你。在巴哥，这些小屋都是参照婆罗洲传统的原住民长屋

巴哥国家公园的雨蛙

雨蛙，两栖纲，雨蛙科，小型蛙类。白天伏在树根附近的石缝或洞穴内，夜晚栖息灌木上。以昆虫为食，捕食蚁类、椿象、象鼻虫、金龟子等。

婆罗洲长须野猪

婆罗洲长须野猪，猪科、猪属中型偶蹄动物。最主要的特征是脸上有独特的白色的“大胡子”毛发，由此得名。浑身覆盖有粗糙而稀疏的长毛，浅灰色至棕灰色。

设计，只是深居丛林中。

清晨，我总会被成群的长尾猕猴的嬉闹声吵醒，而长满胡子的婆罗洲长须野猪也会带着小猪出现在营地周围，捡食被猴子扔下树的嫩叶和果实。第二天，我还幸运地见到了巴哥的重点保护对象——长鼻猴。长鼻猴是加里曼丹岛（Kalimantan Island）特有的濒危物种，它的出现吸引了营地里所有游客的围观，而它安之若素，坐在树梢上吃饱了树叶才慢慢离去。

姆鲁山国家公园：在古老的岩洞里，有一片史前世界

相比偏居滨海一隅的巴哥，沙捞越东端的姆鲁山要广袤得多。贵为世界自然遗产的它拥有更完整的山地雨林生态系统和星罗棋布的岩洞，虽然少有国人光顾，但西方游客视之为东南亚的雨林胜地之一。

我佩戴上公园分发的游客手环，走入林区的木栈道。向导告诉我，此时正处于雨季刚刚结束的湿季，降水减少，但不会过于酷热，植被也不似旱季那么干枯，是最适合游览的时间。走不多时，我们便惊喜地在一片水坑处见到珍稀的马来西亚国蝶——红颈鸟翼凤蝶，它们聚在一起喝水，火红色的脖子和翅膀上闪耀的绿色三角斑纹十分雍容华贵。继续

红颈鸟翼凤蝶

红颈鸟翼凤蝶，凤蝶科、红颈凤蝶属动物，因其脖子上有一圈红色的绒毛而得名。蝶翅上遍布金绿色鳞片，在阳光照射下变幻多彩，显得十分华贵美丽。

加丁山的大王花

大王花，大花草科大王花属植物，是世界上花朵最大的植物，以花朵巨大而气味恶臭著称，有“世界花王”的美誉，是一种腐生植物。

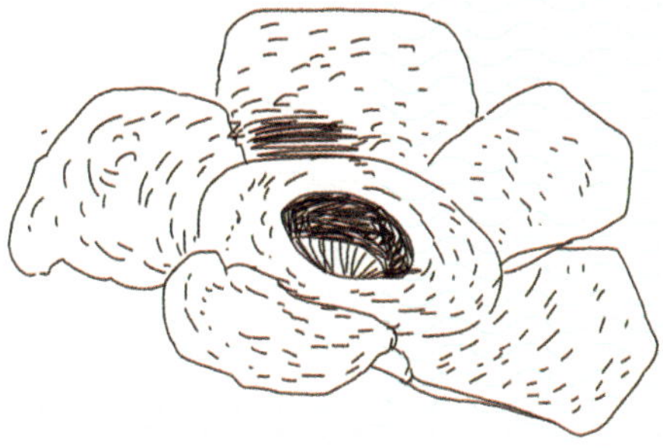

前行来到一棵高大的乔木下，地上有不少篮球般大小、长得很像榴莲的黑色果实，我正想走上前一看究竟，向导指指树上：“小心，和这棵树要保持距离！”他说，当地人把这种野生的榴莲树称为鬼榴莲（ghost durian），因为果实太小不能食用。但在成熟季节，几斤重的长满尖刺的果子从树上掉下时，无异于一枚小型炸弹，被砸中的后果不堪设想。

3 公里的漫步就在这样的雨林课程中轻松结束，我们来到了洞穴的入口。这里由相邻的鹿洞（Deer Cave）和朗洞（Lang’s Cave）组成。朗洞虽小，却十分精致，洞中布满了还在生长的石钟乳和石笋，向导反复告诫我们不要触碰，因为手上的油脂会严重影响碳酸钙的沉积，让已经积淀上百年的石笋停止生长。仔细观察，还能发现经常在 Discovery 频道出镜的洞穴蕈蚊幼虫，它们在钟乳石上垂下发光的黏性细丝，借以捕捉莽撞的飞虫。这些蕈蚊对环境的要求十分严苛，只会在无比洁净的山洞中生存。环顾四周，洞穴内既没有五颜六色的灯光，也不会牵强附会地给这些钟乳石冠以奇怪的名字，洞穴内的确维持着相对原始的生态环境。并且由于每天洞穴都会限制游客人数，让这里脆弱的生态环境不致迅速恶化。和小家碧玉的朗洞相比，鹿洞如同气势恢宏的巨无霸，超过两公里长的洞穴通道位列世界第二。洞穴外高大的桫椤遮天蔽日，站在远远的地方就能闻到洞穴主人的刺鼻味道——200 多万只蝙蝠在洞穴内堆起了巨大的粪便山丘，穿行其间如同走入史前的洪荒之地。

○ 日落时从鹿洞中飞出的蝙蝠群

然而鹿洞的最精彩之处并不在洞里，而是每天黄昏时分，200 多万只蝙蝠从洞中飞出觅食的壮观景象。公园在正对洞口的空地上设置了看台，当熔金落日不再照射到嶙峋的白色石灰山岩时，山洞便开始飘出一股黑烟，成千上万只盘旋飞行的蝙蝠鱼贯而出，飞过初升的新月。在长达 10 分钟的时间里，天空中都是蝙蝠们怪异的螺旋状轨迹，据说是为了避免成为埋伏在洞旁的食蝠鹰的美餐。向导告诉我，除非当天下雨，蝙蝠群总会定时飞出，从不失约，这是丛林自古遵循的作息时间表。

虽然在姆鲁山，大部分的活动项目都需要向导陪同，但如果实在想自由探索，园区也为游客预留了别致的“甜点”——树顶瞭望塔。只需在前一日傍晚登记预约，便可以拿到瞭望塔的钥匙。翌日清晨，我自行出发，爬上营地外 30 米高的塔顶。塔顶是一间简陋的观测室，四面开了窗户，挂起纱帘，让人类活动的影响降到最小。随着太阳升起，树冠上逐渐热闹了起来。虽然大部分动物都只闻其声，难见真容，但不到 1 个小时的时间里，我仍然看到了调皮好动的阔嘴鸟、机警敏捷的巨松鼠，

以及从两棵乔木中间滑翔而过的飞蜥，这些身影绝难在地面一睹真容。所幸，树冠尚是人类可望而不可即之处，它们才得以继续主宰着自己的领地。千百年来，无论是否有人亲眼看见，它们都立于雨林之上，观看日升日落，云消雨霁。愿这些美丽的生灵永远生生不息。

斯里兰卡云中漫步

文◦小青
图◦小青、视觉中国

◦ 斯里兰卡中部山区

走进斯里兰卡中部山区，
在肉桂、热带果香、鸡蛋花树与菩提树的香气中
拜访安放着佛祖牙舍利的古老庙宇，
再前往被云雾、杉木林、草场和珍禽异兽所统治的自然遗产
——纳克尔兹山脉，感受山野之美。

寻访古老佛都

从首都科伦坡前往康提（Kandy），沿路众多小摊售卖的水果，自西向东呈现出明显的产区作物差异：菠萝、红毛丹和山竹、牛油果、茶叶、榴莲和玉米呈线性分布。山竹用绳子串起来，整整齐齐地挂在凉棚下，花 200 卢比，摊主就仔仔细细地摘下一大串给你。在牛油果产区，货架上一片油绿光亮。到了茶叶产区，摊位上则摆满了各式各样的茶叶。2016 年，这条公路还是拥挤狭窄、颠簸不平；2018 年中部高速的修成通车终于让这段百余公里的路途变得轻松许多。临近康提城的时候，我们看见路边有一群猴子，遂玩心大起，拿了红毛丹递给猴子，想看它如

何下口。只见一只胆大的成年猴子靠过来，“噌”地把果子抢过去，熟练地将外壳一咬、双手一剥，白生生的果肉就进了嘴，下一秒，它已把果核吐了出来。

等到终于行至康提王国（15 世纪末至 19 世纪初）最后的首都——康提，这座古老的文化之都、佛教圣地，立即有一种神圣的气氛让人心神安定下来。金顶的佛牙寺（Temple of the Sacred Tooth Relic）内存放着斯里兰卡最重要的佛教圣物——释迦牟尼的牙舍利，文质彬彬的僧伽罗族导游带我们进入佛殿，先双手合十拜了一拜，而后低声向我们解释每尊佛像的姿势和手势的含义。内殿正中的佛像前，紫色和白色睡莲摆了满桌，前来诵经的教徒多是妇女，不少是携家人同来。女人们身着白色服装，诵完经之后，便跪坐在一旁虔诚地静默冥想，碰上我们这样好奇的参观者也最多是神情祥和地看上一眼。

而在佛寺之外，19 世纪英国殖民时期留下的文化痕迹，以及当今康提人热络的生活气息，又为这座山城增添了一番轻松活力。精美的西式蛋糕店遍布街头，西餐厅窗外常有猴子自在地蹿来蹿去，佛牙寺正对面街角处的咖啡馆内常常聚集着穿西装打领带的金融白领。下午 3 点左右，穿白色连衣裙、扎精巧麻花辫的女孩子们，叽叽喳喳地从女校里涌出来，穿白色衬衫和长裤的男孩子们则涌出男校来，家长们开着 tuktuk 车赶来接孩子，一时间校门外的道路变得颇为拥挤。

○ 康提的佛牙寺

小镇的中心是康提湖，这片被云雾缠绕的群山所包围的湖泊总是静悄悄的，很适合沿湖散步。北岸有出售睡莲等供奉用鲜花的小商贩，傍晚时分还会上演康提舞蹈。除了鼓和喇叭之外，康提舞蹈不用其他任何乐器配乐。女舞者身着传统宫廷式华服，佩戴精致讲究的头饰，男舞者饰以手环、肚兜和银质的大檐帽，乐声一起，他们扭动肢体、跳跃旋转，一时间令人眼花缭乱。

徒步纳克尔兹山脉

绕过康提古城区，沿着马哈威利河（Mahaweli River）一路向东行驶，在维多利亚水库边上的快餐店吃过一顿咖喱手抓饭之后，我们便经Rangala最近的森林检查站进入了纳克尔兹山脉（Knuckles Range）。

斯里兰卡拥有两处联合国教科文组织世界自然遗产，一个是地处西南部的辛哈拉贾国家公园（Sinharaja Forest Reserve），它使斯里兰卡获得了“小非洲”的称号；另一个就是康提附近纳克尔兹山脉所在的中部高原。进入山中，湿润的空气里满是草和树木的香气。这一带的植被不像热带雨林那样茂密，通常是灌木和草地交织，间或有些椰树和杉木形成的矮木林（pygmy forest）。又因山区整体呈四周高、中间低的地势，常年云雾缭绕，所以山中树林又得名“云雾森林”。漫步在云雾间，满目都是明朗的森林、湿亮的树叶，以及雨后从灌木上掉落的五色果实，黄色的杉木叶落在小路上，厚厚一层，踩上去软软的。

每隔几公里，就有瀑布从岩石中间流下来，低的有1米，最高可达三四米，在斯里兰卡这个淡水水系稀有的小巧海岛，这是一种相当少见的景观。我们在瀑布边上停下来吃午餐的时候，听闻头顶一阵树叶“沙沙”响，一抬头，只见树上猴影重重——林中的猴子们可能是闻到了食物香味，从四面八方的树枝上跳过来，警惕又眼馋地盯着树下的人们。于是我们把吃不完的米饭撒在树下的石头上，又将塑料袋收走，远远地躲开。猴子们一个个小心地跳下来，抓一把米饭，赶紧又跑回树上去。

我们的徒步向导Seenath是一名退役老兵，在山间行走时，他边走边唱打渔民谣，还不忘嘱咐我们将滴露抹在鞋袜上以驱赶草木间的水蛭、绑紧鞋带以防磨脚，并且教我们辨识含羞草、柠檬草，以及小豆蔻等印度菜系常用的香料。柠檬草是从海拔1000米左右开始出现的，它们成片生长在路边，外形有点像未抽穗的稻子，颜色比稻子绿浅一点。起初我

○ 茶园里正在工作的专职采茶工

们并不认识，直到 Seenath 折下一把，递到我鼻子底下，柠檬草的清香立即飘了出来。“这种草可以安神、助眠和活血呢。”Seenah 介绍道。我立刻摘了一根放在嘴里嚼，味道不错。

纳克尔兹山区基本无法通车，行至山区中部的盆地时，只见几户土石结构的房屋零散分布在地势低缓的梯田周围和半山腰上。这里的原住民依然靠水牛犁地，从山上引水灌溉稻田，种植的小豆蔻等香料依靠牛车运出山外，只有极少数人家拥有柴油三轮车。走在仿佛与世隔绝的小路上，好几公里才能遇到一户人家。村民们看到我们经过，多半露出好奇而友善的笑容，几个小孩子光着膀子从屋里跑出来，凝神望着我们。嚼着槟榔的人会突然“哗”地吐出一大口鲜红如血的槟榔汁，然后咧着“血盆大口”，跟我们笑眯眯地打招呼。

○ 山间落叶

也是出于盆地区域交通不便、运输成本太高的考量，当年抵达山区的英国茶园主们放弃了在盆地内种植茶叶，使得这一带原始的稻田农业系统得以保留。而在海拔较低、地势平缓的平原和丘陵上，则有着铺天盖地的绿色茶田，这一带的公路也因此修建起来。专职采茶工们整天在田里埋头忙碌，看到车子路过，她们也面无表情——相对于我们见到的其他斯里兰卡人，她们似乎是最不开心的人群。

6个小时后，我们登上了1200米高的山顶。高处已没有了缭绕的云雾，可以更清晰地望见山下的盆地、茶园、香料园和云雾森林。我们放下背了一天的行囊，在此安营扎寨。大家淋过雨后，有点凉，Seenath给我们燃起柴火，烧了成堆的椰子壳放在脚下以烘干衣裤。喝着Seenath煮的红茶等待晚餐时，天色渐黑，山风更大，帐篷被风吹得呼呼直响。

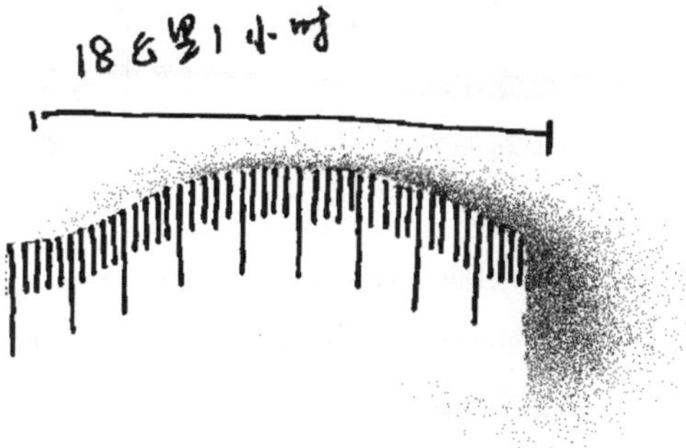

骑行

江河如人生一样，在无数条溪流汇聚之前，都是清浅、缓慢的存在。

漂流在赤水河上，
给了我们一种对公路道路的叛逆感受，
把我们带入回归自然的美好刺激。

& 漂流

70公里1小时

“死人晚上会出来乘凉，
到处都是他们的鬼魂。”

漂流赤水

文○大志
图○卢云、铁艺、程晓洁

在此你将知晓，
跟随八百里赤色江水向着长江漂流是多么销魂。
没有封闭船舱，
只有小型皮艇、桨板、尖叫，
还有飞行和公路探险无法提供的顶级体验：
在山野猕猴的注视下，
穿过山重林密的上游，
蹚过酒香四溢的中游，
到达红军四渡赤水的传奇古镇。
这段关于水的旅程，
像一条沁凉晶莹的项链，
把中国西南最不寻常的景致与传说串联在一起。

○ 赤水河上中游流域的峡谷地带，洪水到来前水色碧绿清澈

“这个滩我们应该绕过去……太危险了，好在我们过来了……”

“同意。”

“你觉得这个滩我们能一次冲过去吗？”

“我觉得可以，没问题……”

“天呀！我们真应该绕过去，这样太危险了，下次一定绕过去……”

“同意。”

“快，快划呀，我们要翻船了！真应该绕过去。下次绝对要绕过去！”

“同意。”

关山深处藏赤水

所有人都不敢相信，一条真正江河的源头，竟埋伏在这样一片荒山之中——三道溪流自云南省镇雄县以西70公里处赤水河源镇的关山山巅汇聚，从一块断崖之上飞流下来，山下因为瀑布的冲击，形成了一个不起眼的水潭。水潭旁边立着一块石碑，上书“赤水河源”四个大字。水潭周边的山体上布满了梯田，但大多荒废，是一处被岁月遗忘的山野角落。上山拾柴的村妇，踩着铺垫在水潭中的石头涉水而过，并在潭边仅存的一棵榕树下休息。

我们像一群陈腐的旅客，包裹得严严实实，在此徘徊闲逛，期待有什么重大的发现——毕竟这里是成就了四渡赤水、茅台酒乡、鳛国故里的赤水河之源，是长江上游右岸重要的一级支流。八百里赤水从赤水河源镇启程，自毕节市七星关区鸡鸣三省村进入大方县、金沙县，再沿川黔边界深入贵州遵义市，沿途各地都接受着这条赤色之河的福泽。

听说我们寻找赤水源头的目的后，一个搬着木头回家的村民，放下木头主动充当向导，带我们去他儿时玩耍的泉眼。这座名为“关山”的小山包之上，只有三片完整的林地，长满松柏。三个泉眼，恰恰在这三片松柏林深处。踏过厚厚的松针堆积，挤过枝丫，只见在一片杂草包围的林间空地上，一块突兀的玄武岩正在滴水。这块石头百年前就有了自己的名字，因其形状，当地人称它“牛鼻孔”，林间空地则叫“灯草窝”。2003年中科院地研所通过卫星遥感，最终测定这里为八百里赤水河的源头，随后云南省政府在此立起一块标志碑。这算是关山腹地乡野村间唯一值得骄傲的存在。这道不起眼的关山山梁，确切说应该属于乌江与长江的一道分水岭，山的南侧属长江流域，北侧属乌江流域。沿着关山一路而下的则分属三个省份——云南、四川、贵州。但地理意义并不能为这片山谷带来繁华。我们在地图上只看到一条308省道从这片沉默的地域穿过。

“鸡鸣三省”叫醒漂流

“鸡鸣三省”并非一个真正的地域名词，只因为它的位置，正好在云贵川三省交界的顶点。我们出发前的计划是从源头一路漂流到赤水河与长江的汇水口处，可在到达这里之前，只见窄窄的河道与清浅见底的溪流，除了纸船，什么船也漂浮不起来——江河如人生一样，在无数条溪流汇聚之前，都是清浅、缓慢的存在。

在“鸡鸣三省”，一条真正的支流汇入赤水河中，才让赤水河从一条清澈的溪流壮大成为一条真正的河流。它们也将这里切割成一个“之”字形的三岔河口，大峡谷地貌的顶端伸出三个突兀的悬崖，三省各占一端。

因为三省交界，公路互不相通，为了分别到达各省支点的顶端，我们在三个省份之间足足开了一天的车。

云南一侧，远在峡谷底端，地势相对平缓，梯田从半山腰一直延续到河谷边。一条柏油乡道沿山势而下，直达云南镇雄县坡头彝苗白族镇德隆村的白车、威信水田寨。这里没有任何旅游开发的痕迹，保持着原始的乡间野趣。正午时分，下田劳作的乡民们都在地头树荫下休息。

四川一侧的悬崖上布满了喀斯特地貌的岩洞，我们到访时作为重点旅游开发项目的“鸡鸣三省”纪念碑工程，正在100多米高的山崖上热火朝天进行。这里的彝族居民占了原住民的绝对多数，但既不穿“查尔瓦”，也不会在田野间升起柴火就地煮炖“坨坨肉”，也没有遍布街巷的彝族文字。

“鸡鸣三省”因为萧克上将和一些革命故事在近代名气大涨。作为革命战争时期的红色根据地，开国元勋萧克将军曾在这里打了多年游击。贵州一侧的悬崖顶端立有将军亲笔题字的纪念碑，刀劈斧刻的字体锋芒尽显。

从“鸡鸣三省”处开始，赤水河进入一个跌落式的地理阶梯阶段，水流开始加大，我们的漂流从这里算正式开始了。

椒园镇至茅台镇之间的赤水河为整个河流的上游区域，漂流行程全长30公里，水流平缓。漂流体验可以自毕节市出发，也可以从遵义市出发。装备可在遵义市下面的古镇游客中心咨询租赁，并能聘请专业向导同行。

“背叛”公路的江心嚎叫

赤水河至今还没有建造一座水坝，这本身就是奇迹，与其毗邻的几条河流之上，早已电站遍布。我们在沿江的椒园小镇上度过了下水前的最后一晚。一条柏油乡道穿过小镇，小镇所有的生活都围绕着这条道路展开。天还没有全黑下去，小镇已经进入了睡眠状态。从这里开始，公路离开了江边，从山的另一侧躲开了悬崖遍布的赤水河两岸。

椒园镇是沿途的一个节点，从这里往下游行进20公里，河水冲进了第一个半封闭的峡谷中。这个峡谷已被划作一个不大的自然保护区，除了采集草药的乡民，很少有人会沿着陡峭峭壁进入到保护区腹地。

“背叛”道路的结果让我们打开了另一个视角——船在江心，从进入峡谷的第一刻起，耳边除了水浪声，再无其他杂声相伴。偶尔会有山

○ 赤水河上中游峡谷两岸悬崖林立，很少能看到延伸至江边的小路

野猕猴蹿到悬崖边的树杈上向江里眺望。此时并非雨季，赤水河上游的江水泛着透明的绿色，水面平缓，我们必须不断划桨。这个峡谷已属贵州的毕节管辖，峡谷之外 70% 的土地被开发成了农田，而峡谷之中依然是原始丛林面貌，不断有山中溪流泛着白浪涌入赤水主流。

当我们滑到一处相对平缓的小冲积扇台地前停下休息时，一个同伴在峡谷裂缝中发现了一条 2 米长的大蟒蛇正休息，边喊边逃了回来。待所有人围拢过去，那条蟒蛇似乎对惊动它午休的杂乱甚是不满，盘旋着身体向林中遁去。除了在北京动物园的玻璃箱外，我还是第一次与纯粹的野生巨蟒这样近距离接触。碧绿色的江水带着我们，感受着原始世界自发的基本情绪，安静、羞涩、怜悯、友善又暗藏危险。

漂流的另一妙处是，即便没有地图，也绝不会迷路。唯一让我担心的是在不远的拐角或山脊后，突然出现一个险滩，掀翻座船。泡在江水里的感受很差，虽然当时是 4 月份，但贵州这边的温度并不高，水温只有 10 摄氏度。

在平水的江面上划行，速度可达每小时 10 公里，介于快步走与自行车慢行的速度之间。如你够幸运，还能赶上像爵士冰这样技术一流的舵手。他会读水，能通过观察水面的波浪和漩涡变化了解水下暗流及其流速，这等于掌握了与大自然深度交流的法门。每次我都会嫉妒地看着他操纵的船轻快地在静水上漂过，船上的人横着桨，抽着烟，悠闲地打量着两岸山脉和悬崖上啃草的岩羊。为了追上他的船，我几乎累吐了，我的舵手在身后大叫着加油，像驱赶骡子一样驱赶着我们用力划。他跟我一样是新手。漂流的起源应该追溯到爱斯基摩人的皮船和中国的竹木筏。在 20 世纪 80 年代，长江上还有很多人用这种原始方式进行劳动生产。比如长江上的放排：几十棵粗壮原木被捆绑成木排，从长江上游放下，顺着江流漂到下游码头。

很难想象中国的公路发展那么快，每年以 15.9% 的速度向各个角落渗透，以致汽车无处不在，让很多曾经实用的探索方式都显得有点过时。

因此，漂流在赤水河上，给了我们一种对公路道路的叛逆感受，把我们带入回归自然的美好刺激。

淌过酒香四溢的河流

出了峡谷即进入了赤水河的中游流域，从这里开始，一个个古镇像串在项链上的珍珠，依次排在赤水两岸，大小滩头也开始增多。除了飘荡在河面上的浓浓酒香外，还有肾上腺素分泌过旺带来的梦幻感觉。

不知何时起，河水变得赤红。按理说水流是在峡谷之中比较湍急，但赤水倒是冲出了峡谷之后，水流随着红浪渐渐变得急切。第一个白水滩头在我们即将进入预计宿营地茅台镇之前出现，打湿了不少队友的衣服。

一出峡谷，江面上就飘着一股酒香，而前面还有 10 公里才是茅台古镇，我们都怀疑自己的鼻子出了问题。峡谷出口不远处，立着一座抽水的水塔，一条管子伸进江中，探险家徐晓光说这是为茅台酒厂提供水源的抽水站，10 公里长的管道从这里延伸到茅台镇的茅台酒厂，至少说明这里的水源没有被污染。

也许只有这样的赤色河水才能酿出闻名华夏的酱香美酒。我们傍晚离船，进入茅台古镇。路灯初开的镇子就是一个庞大的酒厂，道路两边排满大小酒坊，只生产一种酒——茅台。

茅台镇在当地出名的富裕，所有建筑都以崭新面貌示人，唯一能感受到“古”韵的地方，也许是那些挂着酒幌子的作坊里透出的昏黄灯光。这里上百家的酒坊都在为茅台酒厂提供生产服务，所以说每家酒坊生产的都是“正宗”茅台酒。

这里的人们随时随地都能拿着塑料桶，在任何酒坊以低廉价格，打上满满一桶茅台回家小酌。在茅台镇的驿站聚餐时，果然一桶桶散装茅台摆到了台面上。应该细品的名酒，变成了白开水般的存在，小酌变牛饮，

○ 茅台镇继续下行依然是峡谷地带，从这里开始河水变得赤红。拐过几个弯之后就是另一个名酒品牌“郎酒”的产区

酒盅换大杯。酒真是好酒，因为第二天没有一个人因为前夜宿醉变得萎靡。大家头不疼心不跳，一切就像没发生过一样。

这是漂流到赤水中游之后伴随我的切身感受。第一天发生的事情，在第二天不留下一点痕迹。这是酒与河水的刺激所带来的全新体会。茅台之下是郎酒，再往下游是习酒，一个古镇几乎就孕育出一种名酒，也只有在赤水河上能有这样的体验——漂过一个古镇，闻到一种酒香；转过一个峡谷，看到一片酒厂。哪种酒最好？没有准确答案，一路漂来一路喝，总感觉那种独有的酱香味道一脉相承，不分伯仲。记得在茅台镇的夜里，自己偷偷溜进了一个酿酒作坊，买通看门人，拿着塑料桶在储酒缸里任意打酒，只听身后看门人嘟囔，你怎么能把20年陈酿和50年陈酿混在一起呀，罪过呀。

红军在这里渡江

总以为到了任何一条河流的中游，江河都会变得心平气和，不再波浪滔天。可赤水河恰恰相反。自茅台、土城古镇以下，滩头反而多了，外加几天下雨，河水暴涨，似是洪峰要来的前兆，到达丙安古镇之前，一个大浪叠一个大浪，最后一个4级（浪高3米以上）的白水滩，彻底让我悔到了极点。

从茅台镇出发，船头旗怎么也飘不起来。风一起，旗子就成了一只手，专抽第一排桨手的嘴巴。最后，他们把旗子直接卸下来扔到了船舱里。

虽然穿了防水裤，但水还是能从隔水层渗入，整个内裤都是湿的。那种感觉像婴儿尿了裤子，生生捂着，整个屁股都要烂了。而在爵士冰的船上，曾参与汉水漂流的徐晓光一直悠闲地坐在船头唱歌。

第一次遇到可称作"大滩"的地方，是在一段很短的峡谷之下，因为江中有几块巨石，形成了一个跌水，水浪有3米高，而且这段大浪很长，足有1公里。

我们的船排在第三位。等我们过滩时，前两艘船已在2公里外的江心纠缠在一起，虽然望不到，却能感觉他们在大呼小叫。靠过去才知道，有人被大浪弹出船外，从翻船到自己游上岸，已经随着江水被冲出了2公里。

我们漂流的这段赤水河只有3处激流。按照国际漂流定级的方法，这些激流属4级以下的综合难度，一个2级，一个3级，一个综合4级，每个滩都有3公里长。但对我们这些"菜鸟"来说，已经够刺激了。

········

自丙安古镇以下，百里赤水河流经30公里外的赤水河市区，汇入长江。丙安古镇有班车可以开往遵义、毕节、重庆、成都各城市。

○ 滩头上的丙安古镇。四渡赤水时，是红二军团的渡河点之一

漂流前一天探路时我没跟去，主要是看不懂水，读不出暗潮涌动和浪花飞溅里隐藏的危险。北大生物学家施一公曾说过，人类在基因深处蕴藏着与自然对话的本能。当遇到危险时，这种本能才会被激发出来，重新学会与大自然交流。

正是在这里，我们发生了开篇那段对话。最终，我们在太阳下山之前把这一串险滩闯了过来。每次进滩时，时间都变得好慢。但一瞬间后，所有的浪都消失了，随之而来的是一种缓慢的节奏和清风徐徐。之前的经历都变得超级不真实。然后，我们再次迎来一分钟的狂啸。水流冲着船，你只有奋勇向前，心无旁骛，那感觉真好。

这种挑战与刺激，在丙安古镇的桥头戛然而止，水流忽然变得平顺许多。如果说茅台镇是因酒驰名的话，丙安古镇的名声，就来自赫赫有名的“四渡赤水”了。这里曾是红军四渡赤水的渡河点与登陆场。镇子上到处插满了工农红军的军旗，旅游大巴也多了起来。

一直在琢磨，长长的赤水河，为什么工农红军非选在丙安镇以下渡河，经过这一切，我终于明白了，江河真正的本性就是这样出其不意。

骑行探寻越南顺化皇陵

文○谢野

图○谢野、视觉中国

阮氏王朝都城顺化的南部，
散布着百余年间统治者的陵墓。
骑行前往探寻一番，
体会乡间野趣和惊险新奇。

○ 骑行在顺化乡间的稻田小路间

曲折启程

临近中午，热风迎面吹来，一刻不停。我和同伴老黑的皮肤在燃烧，汗水已流尽，像两具干尸在缓慢骑行。我握住后刹，猛然停了下来。老黑在我后面也刹了车，茫然地问我：“怎么了？”我指了指公路对面。

那儿有一家雕刻石像的店铺。店里立着一尊高大的释迦牟尼佛，店外站了一排人像。从左往右依次是：四大金刚、招手的胡志明、米开朗琪罗的圣殇像。最右侧的石像我不认识，是个西方人，双臂展开，戴着一顶王冠，也许是个国王。

“只有胡志明是金色的。”我说，“这儿就像是越南高台教的具象。”

店里有人朝我们摆手，示意不能拍照。我骑上车打算离开，一个白人老太太在右侧拦住了我：“这条路是通往陵墓吗？”“是的。”“就这一条？”她挥舞着手，用力地指了指前方。“是的。”我很肯定，“就这条，没有其他路了。”公路对面，她丈夫正盯着一张纸质地图，站在耶稣前面一筹莫展。而我手机上的导航告诉我前方至少还有 5 公里。

我骑的又是一辆破自行车。两天前，我们在会安骑车去海滩，我那辆单车的龙头一直往右偏。也许上一个骑这车的人喜欢往右掰，以躲避马路上疯狂的摩托车。书上说，在越南的街头骑车是一种艺术，过马路也是艺术。我倒认为开越野车的那些司机才是真正的艺术家，他们几乎全程按着喇叭，暴躁地在摩托车流之间穿梭。

现在，我们已抵达顺化。租车时，我特意在门前骑着绕了一圈，一切都好。但是等我们刚骑到位于市区的安陵时，这辆车就变成了拖拉机，全身都在响。我估算了一下，今天我们还要去四五个皇陵，往返至少 30 公里，希望它不会散架。老黑对景点的热情总是比我高，而我只对骑车去郊外有点兴奋，至于阮氏王朝的那些皇帝和坟墓——对我而言都是历史里的人，也许我只是想看看风水。

郊区寻陵

启定陵的风水很不错，坐落在公路旁的半山腰，视野开阔，远处是绿色的群山。从大巴车下来了好几批韩国旅行团。以前在欧洲旅行，如果我戴上圆边帽，会被认作日本人，取下帽子就成了中国人。但在越南，我始终被认成韩国人。离开这座喧闹的陵墓时，我碰到了找我问路的老太太。我们互相微笑，接着各自走开。我想这辈子再也不会见到她。

我们打算继续往前，远离旅游大巴，去最远的嘉隆陵。我手上那本过时的旅行指南说，那儿荒废已久，但静谧怡人。我们拐进了一个村子，碰见一堆刚放学的中学生，他们几乎是这个国家唯一还在骑自行车的人。三个男孩骑在我们前面，然后消失一个，再消失一个，最后那个也拐进了河边的小巷。我们差点错过了这条河上唯一的桥。

这是一座漂亮的铁皮桥，漂浮在蓝色气垫上，刚好容纳两辆摩托车驶过。天很蓝，两岸的绿树沉没在水中，一幅越南乡村美景。我率先骑车过去。桥的另一端，一个中年女人拦住了我。她坐在一栋小屋前，手里握着一沓钱，朝我挥手。

“我需要付钱，是吗？”我跳下车，吃惊地看着她。

她没说话，朝我挥了挥那沓钱。“多少钱？”

她抽出一张纸币给我看。“一万盾。”我对随后跟上来的老黑说，“我

○ 香蕉树掩映下的启定陵

顺化皇陵一览

1993 年，阮朝统治者们的陵墓与顺化王城的旧都遗址，一起成为了越南的第一个世界遗产。

嘉隆陵（Tomb of Gia Long）

嘉隆帝（1802 ~ 1820 年在位）开创了越南最后一个王朝——阮朝。“越南”这名字也来自他在位期间。在顺化皇陵中，嘉隆陵最为开阔大气，注重自然景观和风水的设置，距离皇城也最远。游客很少，但正在修建一条连接明命陵的公路，已做好了迎接大型旅行团的准备。

明命陵（Tomb of Minh Mang）

明命帝（1820 ~ 1841 年在位）是阮朝第二代君主，他使越南疆域达到有史以来最大。这座陵墓以雄伟对称的建筑风格著称，可能是顺化皇陵中保存和修护最为完善的一座，游客也最多。可以去附近的香河边转转，那儿的林荫小道适合散步和骑车。

嗣德陵（Tomb of Tu Duc）

嗣德帝（1847 ~ 1883 年在位）的八卦和丑闻散布在各类旅行指南中，他死时越南已丧失了南部所有领土。这座陵墓由嗣德帝亲自设计，他生前也曾住在这儿。在碑亭陈放的石碑上，嗣德帝亲自起草了碑文，他将自己的这座陵墓称为“谦陵”，因此整座陵墓到处都能看见“谦”字。据说他的遗体并不在此地，谁也不知道在哪儿。

启定陵（Tomb of Khai Dinh）

启定帝（1916 ~ 1925 年在位）是越南倒数第二个皇帝，通常被认为是法国人的傀儡。这座华丽的哥特风格陵墓耗费了 11 年修建，融合了欧洲和越南的建筑特点。展览室有大量的历史照片，介绍了启定帝的皇室生活和他死后下葬的场景。

们又掏了一笔买路钱。”想了想，又说，“也许这桥是他们村子集资建的。”我转头问她：“请问嘉隆陵怎么走？”她指了指左前方。

她说的方向是对的，但那是一条布满了碎石的坑洼不平的小路，我们随时可能冲到河里。但是有树荫遮阳，只要自行车不散架，我希望可以一直这么骑下去。我们经过了很多民宅，路过一个搭着顶棚的商店，几个年轻人正百无聊赖地打台球。这时已经快下午 1 点，热气逼人。然后我们几乎是瞬间就骑到了一片葱绿的区域。

眼前这块低矮起伏的山林，不像是越南的景致，种满了松树，树林里偶尔还能看到一些民间的坟茔。一条小路通往前方。嘉隆陵是顺化皇陵中最美的一个，但此时这儿只有我们两个游客。

我们锁好车，站在树荫下抽了一支烟。我说：“如果晚上来这儿，会不会很阴森，也许有点吓人。”老黑说：“怕什么，这里都是死人，死了很久了。”我说：“死人晚上会出来乘凉，到处都是他们的鬼魂。”这么一想，天气也没那么热了。

一辆越野车驶进来，几个本地人捧着鲜花水果朝祭拜的庙里走去。那时我们已经遛了一大圈，坐在一块庭院里，面朝巨大的坟墓。左右两侧分别站了一排石雕：三个武官，两个文官，一匹马，一头象，个头都矮得可怜。那些人祭拜完毕，朝坟墓走去，开了锁，闪进了那扇黑色的坟墓大门。

“我们应该跟进去。”老黑说。“是的。”我懒洋洋地应道。

但我们谁也没动。十几分钟后，我们骑车接着上路了。

荒坟惊魂

这时已是回程路途，分布着几个非常有名的陵墓。沿香河而上，是明命陵、绍治陵，以及游客最多的嗣德陵。我们得在关门之前赶到那儿。公路越来越宽，自行车完全暴露在烈日下。屁股像着了火，我不得不站着蹬车。有时我们会路过一片绿色稻田，碰到几个年轻人在稻田里抓鱼。我们停下来，对着路边的鱼篓看了半晌。午后的时间停滞了，我站在路边就能睡着。然后我提议上路，再不走就来不及了。老黑说：“好。”但我们谁也没动。我说：“骑上车就好了，有风，你不会感觉到累。而且我们不可能永远停在这儿，总得往下走。”但是接下来去哪儿呢？老黑说：“随便。”我打开地图，在一堆陵墓的名字里看见了最奇怪的一个：

Abandoned Tomb。一条模糊不清的小径通往这座似乎被荒弃的坟墓，自行车可以抵达。

我们过了河，迅速逛完明命陵，然后再次过河，飞快朝那座荒坟骑去。按照地图的指引，自行车拐进一条小道，爬坡，然后再往下驶入碎石子路。下午 4 点左右，我们进入一座小村落，村子里稀疏地分布着一些小楼，树荫挡住了阳光。再拐个弯就到了。老黑突然刹车。前方 10 米左右，一条黑狗目瞪口呆地望着我们。然后它开始狂叫，朝我们飞奔而来。我以最快的速度掉头就走，不敢回头。当我们驶过一道田坎后，它不再追过来，只是站在那边一声一声“嘲笑”。

○ 嗣德陵的瓦制屋顶

这时我们已进退不得。虽然往前 1 分钟就能抵达那座陵墓，但谁也不敢走过那条狗。我环顾四周，想找一位本地农民带我们过去，但一个人影也没瞧见。摩托车也都消失了。我们身后有一栋房子，仔细看去，院子里还有 4 条狗，摆着同样的姿势盯着我们。

几分钟后，我们只得回到了大路上，并在关门前的最后一刻，走进了嗣德陵。但我已经腻味了这些陵墓的装修风格，只是坐在石凳上等待天黑。傍晚了，游客正在散去。我们出了陵墓，打算骑车返城。老黑说："从这边可以绕到那座荒废的坟墓，要不要再试试？"我说，"可以，但天黑之前我们得离开那儿。"

驶出大路之后，小道上满是碎石和泥坑，我们只能推车前行。两侧都是稻田和大树，看不出这里会有一座陵墓。天色正在变暗，再往前，我猜测又会遇到那条黑狗了。这时出现了一块小平台，竖着两根柱表，我的右上方就是那座不知是谁的坟墓。它看起来很弱小、衰败，却没有毁坏的迹象，只是杂草密布，似乎从未有人来过这儿。墓前有两株鸡蛋花，洁白而萧条。

我走到杂草地，打算从正面拍一张照片。脚下似乎有什么在动，然后我浑身发紧，再也迈不动步子。

"你别过来。"我告诉老黑，声音很平静。"怎么了？"他听出了异样。

"没什么。"我小心跨出一步，再一步，终于踏到了石板路上。"你别过来。"

"到底怎么了。"

"一条蛇。"我回到自行车前，"有条蛇从我面前滑走了。"

几分钟后，我已经仓皇骑在那条破烂的碎石路上。我不敢下车，不敢踩在坚实的土地上。我说："我们回城吧。"很快我们就加入了摩托车大军。等红灯时我说："我这辈子最害怕的就是蛇。比死人还可怕。"

赞比西河：奇迹之河

文◎黄侃淳
图◎视觉中国

◦ 维多利亚瀑布的黎明

势若雷霆的大瀑布，
油画般的河岸日落风光，
世界顶级难度的漂流，
珍稀的白犀牛……
非洲第四长河——赞比西河
缓缓流过赞比亚境内，
它为这个非洲南部国家带来了
不可思议的丰富内涵。

雷霆之雾

“看，那里就是大瀑布。”我们的司机一边开着车，一边指向远处天边蒸腾起的水雾。我低头查看手机上的地图：距离瀑布尚有二十几公里。然而，我已经能够清晰地看见那巨大瀑布掀起的漫天水雾，感受到满溢的巨大能量，还能隐隐约约听到瀑布的轰鸣。

莫西奥图尼亚（Mosi-oa-Tunya），当地的原住民洛齐人（Lozi）如此称呼这座瀑布，意为“像雷霆般轰轰作响的烟雾”。当然，它还有一个更为流行的名字：维多利亚瀑布。在抵达赞比亚之前，我对于这个国家唯一的了解便只有维多利亚瀑布。这个位列世界三大瀑布之一

（另两个分别是尼亚加拉瀑布和伊瓜苏瀑布）的自然奇迹，就位于赞比亚和津巴布韦交界处。为了一睹瀑布壮景，我们从赞比亚首都卢萨卡（Lusaka）驱车近 8 小时，终于抵达了位于瀑布赞比亚一侧的利文斯通（Livingstone）——一个以瀑布发现者名字命名的旅游城市。

1855 年，英国探险家大卫·利文斯通（David Livingstone）在他的旅行日志中如是写道："这条河（赞比西河）好像是从地球上消失了。只经过 80 英尺距离，就消失在对面的岩缝中……我不明所以，于是就战战兢兢地爬到悬崖边缘，看到一个巨大的峡谷，把那条 1000 码宽的河流拦腰截断，使河水下坠 100 英尺，突然压缩到只有 15 ~ 20 码宽。整条瀑布从右岸到左岸，其实只是个在坚硬玄武岩中的裂缝，然后从左岸伸展，穿过 30 ~ 40 英里的丘陵。这是我在非洲见过的最壮丽景色……除了一团白色云雾之外，什么也看不见。那白练就像是成千上万的小流星，全朝一个方向飞驰，每颗流星后都留下一道飞沫。"

待到我们慢慢接近，瀑布的巨大轰鸣似乎并未增强，不知是城市已被轰鸣所吞没，还是轰鸣被城市的喧嚣所掩盖。但静下来侧耳细听，那巨大的雷鸣之怒，万马奔腾，上天入地。

○ 竖立在赞比西河上方的"进入赞比亚"指示牌

从哪一侧看瀑布，津巴布韦 or 赞比亚？

这是前去拜访维多利亚瀑布的旅行者们最常产生的疑问。答案很简单：两边都看！在津巴布韦，虽然离瀑布远，但是整体视觉效果好得多；而在赞比亚，虽然视野有限（除非乘坐直升机），但你可以在魔鬼池里与瀑布实现零距离接触。既然已经不远万里来到了这里，做个看瀑布的“两面派”何乐而不为呢？

○ 维多利亚瀑布的水流在峡谷中激荡，架起了一座彩虹桥

我跑过瀑布前的一段吊桥，镜头已被水雾完全打湿，无法拍摄，整个身体也已湿透，而这里距瀑布还足有百米的距离，我也只能看见瀑布的一小部分。“要想看到瀑布的全貌，一定要坐直升机。”司机的建议提醒了我，要想一窥维多利亚的全貌，看来只有坐直升机从空中俯瞰这一个办法了。

“维多利亚瀑布宽约2公里，雨季时的水流量约有7500立方米/秒。”在直升机巨大的噪声中，我试图努力听清机长的介绍。2公里，约等于20个黄果树瀑布的宽度；7500立方米，相当于3.5个奥运标准泳池的水量。由于地质的关系，缓缓流淌的赞比西河在这里突然植入一道深约110米的深渊。经过长年累月的冲刷，巨大的水流在原本狭窄的瀑布口两侧，生生凿出了1公里多的深谷，而峡谷的出口是仅有60米宽的狭窄河道。于是水流在峡谷中激荡飘散，漫天飞舞。天气好的时候，从数十公里之外就可以看到瀑布上终日架起的彩虹桥。

这的确是自然的奇迹。赞比西河来到维多利亚瀑布前，河道从几百米一下子扩展到了2公里，然后一头扎下。原本悠扬的河流变成被困笼中的暴戾猛兽，嘶吼着，咆哮着，宣泄着它们的能量。

维多利亚瀑布最让人心驰神往的部分，无疑是魔鬼池（Devil's Pool）。这个位于瀑布顶端的天然无边泳池，只有在每年的旱季才能进入。此时瀑布的水量只有雨季的1/15，顶部的岩石逐渐从水中裸露出来，旅行者便可以沿着绳索蹚水抵达中心的魔鬼池。置身于池内，只差一步就可能从瀑布边缘“顺流而下”、掉落百米深渊，这种让人肾上腺素飙升的体验，常年霸占着各类“人生必做清单”的前10名。

日落赞比西

奔流的赞比西河跃下维多利亚瀑布后，又将向东流淌数百公里。河面在这里骤然开阔，一切好像回到了维多利亚瀑布上游的样子：悠闲、和缓、与世无争。整个赞比亚最著名的国家公园之一——赞比西河下游国家公园（Lower Zambezi National Park）就坐落于此。

此时，巨大的日轮正慢慢挪到远处的树冠上。一群水鸟从前方掠过，留下一片剪影；涓涓的水声流淌不息，不时伴随着自丛林中传来的猴子和鸟类的叫声；一大家子河马从水里探出头来，好奇地打量着我们。在

○ 夕阳下，赞比西河下游国家公园里的斑马

河道中穿行的我们，举着酒杯，注视着眼前的一切。景色仿佛是一幅油画，光影流动，气氛静谧而安详。

这已经是我们在赞比西河下游国家公园的第二天。一早，我们驾着皮划艇顺流而下，在赞比西河下游湿地的阡陌水道中自由地穿梭。透过高大的芦苇丛，时常能够看到一两只来河边喝水的羚羊。这些小家伙一边喝水，一边警觉地打量四周——要知道，这里也是鳄鱼的理想栖居地。不过我们的关注点则是河里的另外一个主人——河马。暴躁的脾气、强烈的领地意识、巨大的咬合力，以及让人意想不到的爆发力，让这些看似憨厚的家伙成为非洲最危险的游客杀手，这里每年都会发生数起游客遭河马袭击致残甚至致死的事故。

我们一边在河道中穿梭，一边小心翼翼地接近河马。隔着一段安全距离，这些看似憨态喜人的巨兽正从岸边慢慢地踱到河流深处，几十个脑袋在水面上浮浮沉沉，间或张开它们标志性的大嘴打个哈欠。

随着太阳升起，气温逐渐升高，我们迅速回到酒店树屋内，享受片刻的阴凉，并期待着今天的日落。

待到时近日落，我们再次出发，带着鱼竿和酒杯，登上快艇。赞比西河的夕阳透过酒杯，照在每个人的脸上。大象在河边吃草，河马吐着泡泡，鳄鱼在岸上睡大觉。那一刻，美酒入肚，回忆悠长。

勇敢者的漂流

赞比西河在下游改头换面，瞬间从冷静、内敛变得凶猛、残暴、不可抵挡。巨大的水流在峡谷里奔涌不息，一往无前，滔天的浊浪让人望而生畏。但世上总有人喜欢与恶魔为伍，以精湛的技艺挑战自然的雄奇。赞比西河漂流即是漂流爱好者们的终极挑战之一。

“我是你们的船长，Potato——我出生在一个土豆园里。”我们的船长“土豆”看上去精干又稳重，黝黑发亮的皮肤和粗壮的二头肌表明了他丰富的漂流经验。赞比西河漂流的时长可从半天到数天不等，我们选择了最刺激也最靠近维多利亚瀑布的半日漂流。在一处可俯瞰赞比西河的悬崖顶部，船长开始给我们介绍注意事项，十几个工作人员正忙碌地把各种漂流用具卸下车。要想到达河边，需经过悬崖边一条宽不足一米的陡峭小路，而其中一大半的路段都是用树枝搭起、几乎垂直的简易旋梯。当我们走得颤颤巍巍的时候，工作人员们扛着大包小包，趿拉着

难度高达5级的赞比西河漂流

拖鞋，大步流星地往谷底走去。

漂流开始了。前几个湍流并没有给我们太多惊喜，虽也有失重的感觉，但离我们期待的“世界顶级漂流体验”似乎还有些距离。“土豆”看出了我们的心思，问我们是否敢尝试更刺激的方式。得到肯定的答复后，他回报了一个诡异的笑容。

下一个湍流处，他要求我们蹲下，并抓紧漂流筏边的安全绳。话音未落，我们的漂流筏就一头砸进了湍流，巨大的水流扑面而来，力量之大，让我差点被甩出船。数秒之后，我们又从巨浪里逃出生天，只是浑身早已没有一寸干爽的地方。

接下去的几处湍流，无一例外地让我们酣畅淋漓地湿了身。待到一处相对平缓的水流处，船长问我们是否敢下水游泳。我自忖水性不错，便第一个跳进了水里。下水后才发现后悔已经来不及了：貌似相对平缓的水流，其实比一般的大江大河要湍急得多，推着我的身体不断向前。

户外漂流等级

根据难度和危险系数，户外漂流分为 1 ~ 6 级。5 级是非专业运动员能够参与的最高等级：水流湍急，有难以逾越又变化无常的大浪、大跌水、突然的转弯、大的障碍物和急的旋涡，或旋涡很小但转力很大。赞比西河漂流，正是全世界少数能够商业运营的 5 级漂流之一。

时不时的碎浪就足以让人灌进一大口水，想在水里保持游动的方向则要消耗巨大的体力。短短几分钟，我已是筋疲力尽。更让人绝望的是，漂流筏的速度要远快于人的游速，我只能眼睁睁地看着它离我越来越远。要知道，赞比西河不但遍布旋涡、巨石，还是鳄鱼的乐园。眼看我越来越远，“土豆”把漂流筏开到了一处水流较缓的浅滩，他不知用了什么办法，将它死死地停在了水中。之后，他示意我朝那里游去。

“还要再试试吗？”看到我躺倒在船上大口大口地喘着粗气，他笑得前仰后合，再次启动了漂流筏。

寻找“荒野武士”

“等一下，前面好像有什么情况。”远远地，我们看到路边停着几辆车，于是我们的向导也慢慢把车靠了过去。晨曦中，一群大象缓缓地从树丛后进入了我们的视线。它们慢悠悠地在路边寻觅着食物，成年大象不紧不慢地踱着步子，小象们则跑前跑后地嬉戏着。

“1、2、3、4……”足足有 14 头之多。

对于大多数人来说，动物是非洲永远的主角。长颈鹿、斑马、角马、猎豹、鬣狗、狒狒、河马……这些我们平时在动物园或电视上才能看得到的生灵，在非洲的国家公园内却是随处可见。但要论其中最受欢迎的，自然是由狮子、花豹、大象、犀牛、非洲水牛组成的“非洲五霸”天团。

而在这“五霸”当中，最珍稀、最难觅踪影的，非犀牛莫属。

犀牛是现存体形第二大的陆地生物。然而人类对犀牛角的追捧，正

○ Mosi-oa-Tunya 国家公园里的一对白犀牛母子

········

白犀牛

在目前世界上仅存的 5 种犀牛（白犀牛、黑犀牛、印度犀、爪哇犀、苏门答腊犀）中，白犀牛是体形最壮硕的一种。人们发现过的最大的一头白犀牛，体长 4 米，肩膀高 1.8 米，体重则惊人地达到了 4.5 吨。

使得这种憨厚的巨兽一步步走向灭绝。2018 年 3 月，世界上最后一头雄性北方白犀牛“苏丹”离开了这个世界，这也等于宣告了这支白犀牛北方亚种的彻底灭绝。一时之间，全世界的动物保护者为之叹息。万幸的是，他们的南方亲戚尚有1万多头的种群数量，且得到了所处国家的严密保护。

位于利文斯通市郊的Mosi–oa–Tunya国家公园（Mosi–oa–Tunya National Park）可能是非洲面积最小的国家公园之一，但栖息着数个白犀牛种群。狭小的公园面积让寻找犀牛变得容易许多，于是我们跟随向导步行进入犀牛的领地范围，试图通过这些大家伙留下的蛛丝马迹找到它们。

不过，白犀牛虽然体形庞大，性格却很胆小害羞，对声音和陌生人异常敏感，这也是驾车很难发现犀牛的原因之一。

在几名持枪保安的陪同下，我们在荒野中一脚深一脚浅地行进着。没想到仅仅 15 分钟后，向导便示意我们安静。顺着他手指的方向，几十米外，高高隆起的深褐色脊背在灌木丛后若隐若现——一头成年雌性白犀牛正慵懒地躺在那里，它的孩子正调皮地试图爬上妈妈的后背，母犀牛则任由这个“牛孩子”胡闹，还要时不时抬头观察附近是否有危险。

一阵快门之后，我们试图继续找寻独居的雄性白犀牛。没想到走了几百米，就看到一头雄性白犀牛正在远处埋头吃草。不同于温顺的雌性，雄性白犀牛只能在几百米外远远地观望，以免发生危险。巨角、重甲、极其强壮的体魄、独来独往的习性，难怪这些大家伙会被称为“荒野武士”，最后的武士。

盘山公路上排起了长龙，
不断有新的车子衔在尾巴上，
宛若一条静止的贪吃蛇。

自驾

穿越

“不到拉萨不洗车！”
“到了也不洗！”

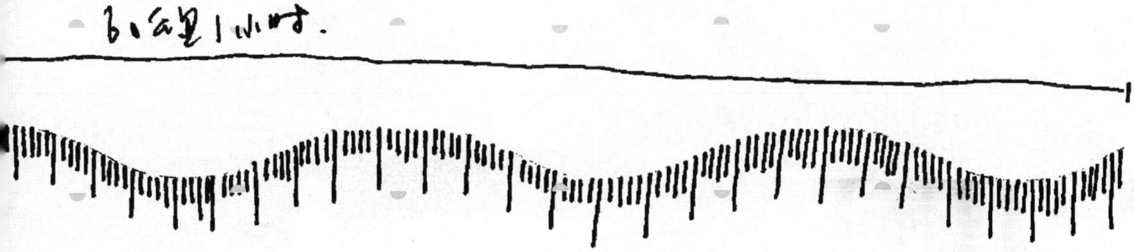

袋鼠往我这儿张望的时候，我举起酒瓶：

“嘿，哥们儿，我也在吃夜宵呢。”

窗外，湛蓝的湖水轻抚着芦苇丛，

一家子梅花鹿已经开始了晨练。

○ 盐井某村落，螺旋状土路如天梯一般

西藏芒康行纪

文◎齐栋
图◎齐栋

翻过东达山垭口，
我们便进入了芒康境内。
沿着 318 国道，
再沿着 214 国道转向南，
途经高山长河、神秘石刻，
以及炫目的盐井……
一路穿越芒康。

318 国道

觉巴山一如美

当我跟随车队朝芒康县城前进，行驶到觉巴山时，只见一辆辆轿车、越野车和货车，在盘山公路上排起了长龙，不断有新的车子衔在尾巴上，宛若一条静止的贪吃蛇。

几个司机师傅在一旁抽起了烟，同行的朋友开始拎着相机，四处走动。这是每一个在川藏线上自驾的游客，早就习以为常的一件事情。如果说停在路边消磨时间是一种主动行为，那么遇上修路或堵车就变成无可奈何的被动选择。

这一耽搁，待我们辗转到觉巴山脚下时，黄昏已然降临。一条沙土黄色的河流扑打着岸边，将水花溅到318公路旁。这是一座静谧的小山村，它有一个令人浮想联翩的名字：如美。我们已驶入西藏自治区昌都市芒康县的辖区，而这条河流，正是澜沧江。

与芒康县城将近4000米的海拔不同，如美的海拔连2700米都不到。由于地处横断山脉的核心地带，芒康县好似一座混乱的天梯，四周的台阶都毫无规律可循，在褶皱的群山之间，错落着无数断陷的盆地和幽深的峡谷。

“黑夜里你的声音，黎明时我的叹息，澜沧江哟澜沧江，我想静静躺在你的怀里，飘飘荡荡随你而去……”在民谣歌手钟立风清澈的歌声中，眼前的澜沧江一览无余。我注视着澜沧江水面上最后一丝回光，它将在夜幕降临后被深不可测的幽暗笼罩。

318国道

如美—拉乌山

在松赞如美山居的房间里一觉醒来，我才发现窗户忘了关，房间里开始上演“动物世界”：空中有金龟子在飞，地上有百脚虫在爬，甚至就连早餐时，一只蚂蚁也想品尝下盘子里的煎蛋。

在如美，我们和澜沧江短暂相遇，旋即分开，它沿着横断山的河谷，头也不回地远去。而我们亦将翻山越岭，穿过芒康县城。与林芝市漫山遍野的云杉冷杉相比，昌都芒康的拉乌山同样不乏绿色植被，但多为一种低矮的高山草甸。汽车绕着盘山公路不断转圈，路旁适时地出现一座座房车露营基地，非常壮观。在林芝市，大山基本被密不透风的针叶林覆盖，这种黑森林写满神秘，甚至不乏恐怖色彩，连当地藏民都会敬而远之。可在拉乌山地毯一般梦幻的草场面前，人们却很容易卸下防备，转而袒露出一种孩童般单纯的胸襟。去草地上随便打几个滚，夜里望着繁星点点的星空，与大地一起沉沉睡去，这是何等的快意人生。

在垭口休息时，一个男孩从旁边的黑色越野车里走了出来。只见他瞥了一眼这辆浑身是土的越野车，俯身在右后车门上写了一句话：不到拉萨不洗车！然后上车，点火，车子的发动机在咆哮。这时，他突然又一次下车，在右前车门上加了一句话：到了也不洗！大家伙好一阵哄笑，目送这辆黑色猛兽扬长而去。不过说老实话，他到拉萨也不洗车，我还真相信。因为离家再远，也得回去啊，总不能白洗一次吧。

∩ 一个坐在石头旁的藏族妇女

大概是受到这位任性男孩的刺激，我们的汽车在下山之时，一头扎进了一条不知名的小路。山的背后，是一片辽阔的草原。牦牛密密麻麻地堆积在蓝天白云之下，直到化为视线尽头的一个个黑色噪点。但真正的精灵绝非牦牛，而是高原鼠兔，它们世世代代生活在浅草绿色的草甸子中，总爱在游客面前一展躲猫猫绝活。想要“捕捉”到这群家伙可不容易，它们天生古灵精怪，在地洞中钻来钻去。好不容易探出了脑袋，转瞬又像土行孙一样遁入泥土，让你一阵手忙脚乱。别说能擒住它们，只要把小东西的身影定格在快门中，就已经谢天谢地了。另外，高原鼠兔只栖居在海拔 3000 多米的草场上，藏地之外的朋友怕是没法领略它的矫捷身手了。

214 国道

拉乌山—芒康县城—唐代石刻

告别拉乌山，汽车很快驶进芒康县城。维色寺安详地坐落县城的中心广场上。5 年前因为高原反应，我在芒康县的一家旅馆里夜不能寐；时光匆匆而过，那个高反的夜晚仍然刻骨铭心。不过随着我们的座驾“牦牛”在路上大摇大摆，县城在身后渐渐远去时，我还是有一丝不愿承认的怀念。

从这里，我们正式告别 318 国道，转而向南驶入 214 国道，沿着滇藏线朝盐井乡方向行驶。离开县城不久，汽车便在 214 国道旁的一处空地熄了火。大家跟随向导，去寻找一座唐代石刻。它躲藏在一处小山丘上，四周长满了杂草。虽为西藏自治区的文物保护单位，可实际上当地并没有请专门的人来保护它，也没有设立围墙，只有一面用木板勉强圈起的栅栏。任何人都可以在稍做准备之后，轻松跨越它。好在，国道上那些一身疲惫的汽车驾驶员，是没有多余的精力去发现这类文保建筑的。

石刻脚下有一座石碑，上面刻满了祈祷用的经文。经文由藏文书写，但由于太过晦涩难懂，连当地向导也说不出个所以然。相形之下，石刻的真面目倒不算神秘莫测了。正中一尊主雕像，约 4 米高，盘腿坐在两只雪狮上，据向导介绍，这尊雕像可能是如来佛祖。可惜的是，千年来的风吹日晒，加之保护不善，佛祖雕像的头部及躯干部分均遭到严重破坏，无法辨识出他脸上的表情。向导还介绍，此地名叫拉贡顶。而这座石刻周围，实际上是一座求神庇护的佛堂。

为什么在如此偏僻的地方，会藏有一座唐代佛堂呢？向导说，曾有传闻这座佛堂是文成公主远嫁吐蕃时，为纪念自己夭折的女儿而建的。可史学界通常认为，文成公主从长安出发，应该会沿着当时的唐蕃古道，经青海玉树一带再到西藏的昌都、那曲，最后抵达逻些（今拉萨）。而芒康，显然不在这条行进路线上。更何况，文成公主尚在出嫁路上，女儿又是从何而来呢？看来，这个传闻并不靠谱。

没有人能做出回答，沉睡了 1000 多年的石像同样静默无言。与其相信文成公主的眼泪，不如仔细倾听这些佛像的欲哭无泪。唯一怜悯它们的，或许只是齐腰的荒草、大如圆盘的牛粪，和村民涂抹在石刻上的酥油。

○ 保存至今的唐代石刻

214 国道

唐代石刻—盐井乡

沿着 214 国道继续向南，翻越海拔 4300 米的红拉山，澜沧江又一次出现在窗外。此刻海拔表的数字变成了 2400 多米，比如美还要低两三百米，谁敢相信这里是西藏？

这里是盐井，正式名称是“西藏自治区芒康县盐井纳西民族乡”。盐井乡地处横断山的大峡谷中，是古代吐蕃通往南诏的必经之路，如今它也是 214 国道由藏入滇的最后一站。商品的流通，人员的往来，为它带来包容性的文化。除了多彩的民族风情，自 19 世纪中叶起，便有外国传教士来此居住。他们留下了西藏唯一一座天主教堂，还为这里带来了葡萄酒酿造技术。

然而盐井乡最让游客惊叹的，当然还得是“盐井”。一开始，我们只是坐在车里对它们惊鸿一瞥——这些千年古盐田看上去像北非的阿拉伯房子，更像星球大战里的原始部落聚居地。稍不注意，很容易被这铺天盖地的单一色彩迷了双眼：裸色的澜沧江，沿着险峻的峡谷一路滚滚

同盐不同色

虽然同样是盐田，但因为土质的不同，澜沧江的两岸一边产红盐，一边产白盐。红盐是因为土中含有铁元素的缘故。红盐田属于加达村，白盐田属上盐井村和下盐井村。

盐井特色美食——加加面

在盐井的加达村，有一种特色美食不得不尝，那就是加加面。这种辅以肉末和调味料的面条简单质朴，比藏面口感筋道。吃面的方式很是有趣：小碗里装着一两口就能吃完的面条，刚吃下一碗，热情的店家便会送来第二碗。只要你不喊停，店家就会一直上。

○ 冰凌一般的盐柱

向南；裸色的盐田，被分割成一块块方形的小盐田，俯瞰像是一杯杯有拉花的拿铁。靠边停车后，我径直走向布满白色斑点的小盐田，它让我一直好奇到现在。那是一些旋涡形状的盐花，非常精巧。这里的晒盐技术也非常古老：人们先将卤水储存在盐田边的槽沟里，再把槽沟里的卤水舀出，倒入盐田里，经过曝晒和风吹，盐田里就会结晶，产生盐粒。盐井虽然几经更迭，制盐技术却一直流传至今。

弯腰在盐田里干活的工人多为女性。就在我准备撤离的时候，突然发现远处的山坡上探出一只白色化肥袋，继而又出现了一顶防晒太阳帽。

○ 奇异的千年古盐田

那是一名制盐女工，约 40 岁上下。她俯着身，将一袋盐驮在身上，像背着一座大山——这袋盐看上去和她身子差不多大小。在跌撞的步履之下，她还能勉强保持一个相对平稳的节奏，没有惊人的意志力，显然难以完成。好在卸盐的工作站，就在那条坑坑洼洼的公路旁，她不需要走太多路，只是这样“愚公移山”式的搬运可能还有很多趟。

5 年前我和盐井匆匆相逢后离去，遗憾的是，5 年后第二次路过这里，仍是“路过”。对于这颗浩瀚的星球，或许我唯一能做的就只有把好奇心永远敞开着。

我取道 317 国道的西藏段，
从海拔高、人烟少的那曲，
一直到康巴昌都。
从 2019 年开始，
317 国道西藏境内的几条隧道陆续通车，
路况得到极大改善，
但游走在这条路上，
依然要忍受班车稀少、景点偏远、食宿贵且差的状况。
不过，
也正是由于远离大众视野，
这段路才得以呈现最原生态的西藏风情。

○ 清晨从远处眺望孜珠寺

漫行国道317：从那曲到昌都

文○万蜜
图○万蜜、视觉中国

索县“小布达拉宫”

当我赶到那曲城郊不远处的格萨尔赛马场时，赛马节已经结束。看台外的空地上，还散落着很多用石头堆砌而成的灶台，里面留着黑漆漆的火烧痕迹。可以想象节日时四周扎满的帐篷，以及奔跑着嬉戏的孩童。不过现在，这里空荡荡的没有人烟，大门口威武的格萨尔王和将军们的骑马像兀自耸立，金光闪闪。

每年夏天，那曲市和下属各县都会举行规模盛大的赛马节。格萨尔

马场就是举办赛马的场地之一。那曲平均海拔 4000 米以上，游人很少停留，他们要么中转去探索藏北草原，要么向南赶往拉萨。平旷荒凉的草原上，风从四面汹涌奔来，呼啸着肆意撒欢。这样的环境下，最适合的运动自然是赛马了。不过由于我来的时机不巧，并未赶上这场热闹，只好就此离开。

顺利的是，从那曲市区到索县再到巴青县的班车我都赶上了，这两个相邻的县城都在大兴工事。位于南侧的索县县城很小，东西两边的山头上各有一座寺庙，西侧的赞丹寺更有名，因耸立于山头，形似布达拉宫，所以又被称为“小布达拉宫”。赞丹寺为宗堡式建筑，居中的为红宫，周围是白宫，在寺庙平台处可以远眺索县正在新修的房子——如一栋栋整齐划一的小方格子，一直延伸到远处的大山脚下。围着赞丹寺转了一圈回到正殿，我终于遇到前来敬拜的信徒，他们不知从哪儿找来的寺庙管家，用钥匙打开一扇扇紧闭的大门。管家一边开锁一边讲解，还不时用不熟练的普通话翻译几句。赞丹寺始建于 1668 年，由附近的宁玛派、噶举派和苯教 3 个教派共 7 座寺院合并而建，现属格鲁派。如今我们看到的恢宏规模是 20 世纪 80 年代重建的。管家僧人讲解完一尊佛像，信徒们就磕一个头，或者将头触碰橱窗玻璃，嘴里念些祈祷的话，再往橱窗的缝隙里塞上一些零钱。

参观的最后，寺庙管家把我们带到顶层，又打开一道锁，我看到一尊银制的坛城，里面还有一层隔间，隔着玻璃能看到另一座规模更大的金制坛城。僧人说这些都是纯金纯银打造的，历时十多年，弥足

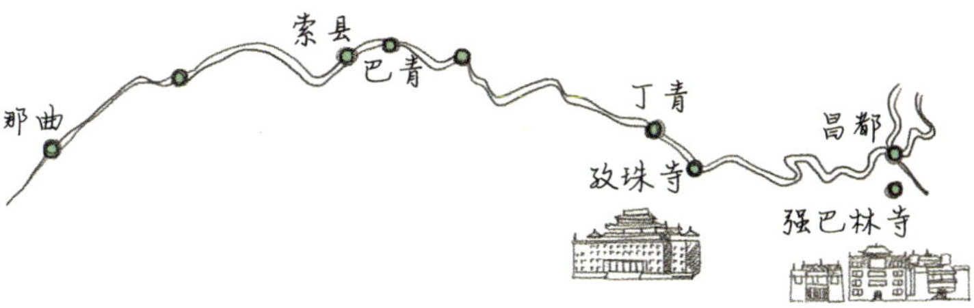

○ “小布达拉宫”赞丹寺

珍贵。不过后来寺管会的一位工作人员告诉我修筑时间为 8 年。无论如何，坛城确实华丽，满目的珠宝松石镶嵌于其上，金光闪闪。赞丹寺一共有 4 座这样珍贵的金银坛城，最宝贵的一座放置于顶层上的一间小阁楼里。

巴青藏族秀

逛完赞丹寺，我就直接坐班车向北去了邻近的巴青县。巴青也是灰尘漫天，客运站破旧不堪，门口歪歪斜斜立着招牌，四周堆满垃圾。巴青除了有班车往返索县，再没有其他公共交通往东。我花 40 元买了一小串葡萄，窝在巴青的旅馆里，思考接下来的行程。幸运的是，后来搭上了一位福建姐姐的车，才得以完成剩余的 317 路程。

在巴青，我有幸感受了一下首届巴青赛马节上的活动。赛马场离县城巴青藏族秀只有两三公里，我搭了一辆由当地小哥驾驶的车到了现场后，就四处逛了起来。站定之后一打量，才看到数百辆汽车和无数摩托车成排停靠在草地上，高台上分成了游乐区和表演展览区，成百上千顶帐篷散落于各处。人们从四面八方赶来，盛装出行，头上和脖子上戴满珍贵的宝石项链。

下午淅淅沥沥下起了小雨，没有赛马比赛，人们却兴致不减，早早地在表演区占好了位置。看台后是一顶巨大的黑帐篷，帐篷里却并不黑，光透过头顶的塑料胶布照进来，里面陈列着马鞍、秤、炉灶等各种游牧民族使用的工具。当地人和我一样新奇地瞧着周围一切，后来一问才知道，这些展品都是从本地牧民家里搜集来用来展览的。舞台上，藏族壮年男女上台“走秀”，展示他们的华贵服饰。女人们脖子上戴着好几圈沉重的项链，头发上绑着各种蓝色、橙红色的宝石，袖摆和裙尾缝着虎皮，着实贵气。男人们除了脖子上的宝石，腰间别弯刀，身后背弓箭，踩着红黑相见的靴子，一袭虎皮袍子加身，更显威武。

○ 巴青赛马节上展示的服饰

遥望冰川

离开巴青县，我们经 317 国道继续向东，驶向丁青县。一路上，总能遥望到一座雪山，它就是藏东地区的最高峰——布加雪山（海拔 7328 米）。

发现布加雪山冰川是个意外，网上没有太多相关信息，但遇到的当地人都推荐到这里看看。原来近几年，一条通往冰川和冰碛湖的道路已经修好，基本可以直接开到湖边。在快要抵达的路上，远远可以望到一条泛蓝的冰川横亘于山腰。阴雨中，裸露的陡峭山峰在云雾里若隐若现，山坳里村落的房顶冒出缕缕炊烟，一派世外桃源的景象。冰川融水顺流而下，在路旁的草甸里蜿蜒出曲折的河流，草地上只有零星的几头牦牛在啃草，不时警惕地抬头看看我们这些闯入者，脖子间的铃铛叮铃作响。

冰碛湖旁，一家藏民刚搭好帐篷，把水果、肉、饮料等食物一字排开，一侧还立了个炉子，正在煮茶。一岁多的孙子坐在奶奶怀里，嘴上糊了一圈白色的酸奶，手里紧紧握着一条风干牛肉，时而往嘴里送。藏民一家热情地招呼我们加入，分享食物。此刻坐在草甸上，嘴里嚼着木屑般无味的生干牛肉，眼前湖面上漂浮着些许冰块，冰川上覆盖的冰雪已经发黑，幽幽的蓝绿色在其间闪烁。冰川后的山体上有一条显而易见的截面分割线，植被在这里突然转变成黄色土石，似乎是经年累月因冰川融化而显露。景色虽不惊艳，却让人格外放松，我们相坐无话，时间在这里慢了下来。

古老的苯教寺庙

进入丁青县之后，长满青稞的黄绿色台地依偎在河谷两侧，田园风光次第铺开。丁青是神秘的古象雄王国东部的中心，拥有康区最多的苯教寺庙，其中最具代表性的要数孜珠寺。

顺着蜿蜒的土路绕上海拔 4400 余米的孜珠寺，当悬挂在陡峭山壁上的僧舍渐渐出现在眼前时，不得不说我被震撼到了。天然形成的石拱天门耸立于山巅，岩石裸露在外，像手指一样直插天空。看过那么多座藏区的寺庙，没有哪一座如孜珠寺一般仿佛位于另一个星球。据说冬季这里会被白雪覆盖，更添奇幻色彩。当地的负责人说，这条上山的土路是在寺院的坚持下才没有修成柏油路，目的是让人们知道抵达寺院的不易，维持信仰的圣洁。

○ 远眺布加雪山冰川

那一栋栋搭在石头上的修行木屋，都是僧人闭关的场所，里面条件极其简陋，几乎只有一个坐垫。我们离开恢宏的大殿后，往“天门”附近的房屋走去，沿途布满各种圣迹。爬过几乎垂直放置的简易木梯，穿过狭窄的石缝，才能抵达山壁上的修行屋。石壁上还有一些天然凹陷处，里面也放置了坐垫，供人修行。

爬到山顶，站在仅能容纳两人的狭窄空地上，远眺山谷里的曼妙风景。云影随着斑驳的流光漂移，红色、黄色、绿色的地面好像在舞动。目光收回，近处陡峭山壁上挂满五色经幡，在风中猎猎作响，山下隐约可见转寺的信徒。

从山顶下来，正好遇见下午5点的辩经。让我惊奇的是，苯教的辩

○ 孜珠寺，直插入石头的修行小屋

经方式和藏传佛教非常相似。他们先两两一组，一人席地而坐，一人站起来表达观点，站着的人还要时常拍掌，场面闹哄哄的。接着再分组辩，一人对多人。我们和当地村民一起挤在窗口围观，他们也说不出这些僧人在辩什么内容，权当看个热闹。辩经结束后，僧人们会围成个大圈，念诵经文。

孜珠寺有着 3000 余年的历史，是西藏最大、最早、信徒最多的苯教寺院，也是保留苯教仪式、仪轨最完整的寺院。尽管如此，除了转寺方向（要逆时针）和大殿内供奉的佛像不一样之外，游客很难从其他地方看出苯教和藏传佛教的差异。孜珠寺最盛大的活动是每 12 年一次的鸡年神舞法会，这是一窥传统苯教仪轨的好时机。由于机会难得，届时会有数以万计的信徒前来观看，山顶上扎满帐篷，场面宏大。

昌都：西藏“边地”

到了丁青县就已进入昌都界内。此前在山南时，就有一位当地人“警告”我，“昌都人凶得很啊，野蛮得很！”还有一位在邦达一带拼车的朋友也向我抱怨，说昌都司机们会为了抢客先抢你的行李，而且时常半路加价。听了这些话后再前往昌都，自然带着一丝畏惧。

不过事实上，我在从那曲市区到索县的班车上，就看到昌都汉子了。他身裹黑色藏袍，头上盘着一根辫子，辫尾有一股红色丝线，垂在额头一侧。他不太会讲普通话，只冲我笑了笑，把女儿塞到了我旁边的座位上，说了一通后就下车了。我松了口气：传说中的昌都人没有太凶。

昌都地处青藏高原的东南边缘，属康巴藏区，对于刚经历了沿途各种简陋县城的我来说，昌都市俨然是一座高楼耸立的“国际大都市”。抵达时，我有了一种艰苦旅途要到终点的欣喜感。

昌都这座城市的兴起，就是因强巴林寺的创建及繁盛而聚集了人群。所以这块寺庙的高地，既是人们信仰的中心，又是这座城市精神的中心。清晨，人们纷纷走上高台上的强巴林寺，把买好的菜挂在寺庙外墙上，以转寺开始新的一天。我跟着人流涌进寺庙，大殿里上百名僧人诵经声传来，信徒们在大门口磕起了长头。

寺院除大殿外，还有很多其他院落，分别供奉着不同的佛像。我印象最深的是赞康——一座小护法神殿，主供佛为护法战神王（昌都护法神的另一个化身）。一般护法殿内的佛像大多形态令人敬畏。这里也试图营造出同样氛围，十几只鹿头挂在殿内柱子上方，睁着空荡荡的眼睛，俯瞰往来的信徒。但令人意外的是，鹿角上却挂着嘻哈猴、粉红豹等玩偶，内殿出入口处也排列着狼、狗、熊、牛、羊等动物玩偶。有些玩偶嘴里，还有信徒供奉的零钱，让人觉得既“恐怖”，又“可爱”。

上午 10 点，诵经结束。大殿内的僧人成群结队出来，穿起散落在外面的鞋子，扬起藏红色衣襟，往大门边的曲然走去。曲然里绿树成荫，是辩经的场所。

强巴林寺的辩经又有不同，他们不是先一对一，而是七八人围坐成一圈为一组，一人站在中间，向周围的人说着自己的观点，拍手的力度和说话的气势倒丝毫不弱。围观的人越来越多，阳光透过树枝间的缝隙照了进来。转寺的人路过时，伸个头来看看，双手合十拜拜，很快也就离开。

离开寺庙，高地下的世俗世界同样热闹非凡，现代化商场步行街人流如织。在这里可以找到各地食物，尤其是川菜，因为从昌都再往东，便会进入四川甘孜。结束旅行，沿途收获超出预期，一个个日常而简单的画面，构成了我心中最真实的 317 国道西藏段。

○ 夕阳下的汝拉山脉

穿越汝拉山脉

文○唐渡

图○唐渡、视觉中国

我们一群来自全球的媒体人，
参加了一趟不太严肃的汽车拉力赛。
这条自驾线路途经的地方，
几乎没在旅行指南上出现过。
它横穿汝拉山脉，
迷人的自然风光涵盖了瑞士和法国两种风格，
值得前往。

序：贝尔福

我们大约十几个人，来自好几个国家，最远的是娜塔莎。她留着柔顺的短头发，从澳大利亚飞了二十多个小时抵达法国贝尔福。而住在伦敦的莱比，因为错过了火车，迟到了一整天。在贝尔福的这个餐厅，我们被分成几个团队，即将按照指定的线路，开始一场“友好”的自驾拉力赛。

娜塔莎、莱比和我，我们团队的名字叫“凯撒”。听上去运气不错。娜塔莎不会开车，她曾在北京待过 6 年，但只会说有限的几个中文词，比如“感情深，一口闷”。她坐后排，喜欢提问题，负责活跃车里的气氛。莱比从没去过中国，她嫁给了一个法国男人，而那男人的家乡就是我们打算自驾的这块土地——法国东部的勃艮第、汝拉山脉地区。莱比坐在副驾驶，负责地图和导航，而我的职责就是开车。我们都在猜，如果赢得拉力赛的第一名，会不会有奖品？

出发前，我们在贝尔福停留了一天。这里以战略位置著称，最重要的景点是贝尔福堡垒。这个堡垒的设计者是沃邦，为了保卫法国边境，他修建了 33 座巨大的堡垒，几乎影响了那个时代世界上所有的防御要塞工事。在前往堡垒的半山腰上，有一座巨大的雄狮雕塑，城里任何地方都可望见它。1870 年普法战争期间，贝尔福曾被普鲁士军队围困 104 天不破，自由女神像的设计者巴托尔迪为了纪念这次壮举，专门创作了这座“贝尔福雄狮”。

不过，娜塔莎和我都认为，贝尔福最值得自驾去的地方，是往西 20 公里之外的朗香教堂(Ronchamp)。它是勒·柯布西耶最杰出的作品之一，教堂的每一个细节在审美和功能上都得到了极大的展现。莱比晚到了一天，没去成教堂，但她无所谓，我猜她更在意的是这场拉力赛。

标致博物馆—死亡阶梯

第一天上午

自驾的起点是贝尔福附近的标致博物馆（Musée de l'Aventure Peugeot），但拉力赛的自驾车却是一辆雪铁龙的红色 C4。博物馆几乎展出了标致出品的所有种类产品，比如咖啡机、洗碗机、缝纫机、自行车，无所不包——还有一架钢琴。参观结束时，所有人都在咖啡厅休息，我找到娜塔莎和莱比，说我们赶紧先走。三个人溜出博物馆，坐上车，率先出发。

走了几分钟还没看见后面有车跟上来，我说，现在情势大好，希望我们不要走错路。

这场拉力赛的组织者并没有给出每一个目的地的名字，只给了一些线索。今天我们将抵达法国和瑞士的边界。莱比打开地图，看了半天，没说话，然后她放下地图，掏出手机，打开谷歌地图，接上了车里的导航系统。我说：“这没违反规则吧？”她说：“当然没有。”

我们沿着 A36 高速公路开了几公里，然后离开高速，沿着 D437，再拐上 D464 公路，朝 Charquemont 小镇驶去。沿途经过很多小村庄，漂亮的田园风光。坐在后排的娜塔莎对路线不闻不问，完全交给了莱比。而莱比在每一个路口都会提前说："往左！""往右！""直走！"这时我们拐到了一条山路上，即将翻越一座大山。路面很窄，前后方都没有车。我很犹豫。莱比说："听我的没错，翻过去再说。"

山后又是一大片平原，当我们终于驶过 Charquemont 小镇时，大家松了一口气。再往前走，看见了一条特别小的土路，伸向一片森林。莱比大声叫道："就是那儿！"我朝后面看了看："也许我们是第一个？"

森林里的山谷名叫死亡阶梯（Échelles de la Mort）。杜河从峡谷穿过，峭壁陡立。这里以前是走私者的天堂，他们在法国和瑞士之间偷运面粉、糖和咖啡。如今这里吸引了大量的徒步爱好者，穿梭在边境线。我们沿着铁制的梯子往上攀登，面前是迷人的汝拉山脉风光。莱比说得没错，我们领先了，而且攀到了山顶。当我们下山时，碰见了其他的参赛者。莱比笑嘻嘻地挨个打招呼。首战告捷。

死亡阶梯—Le Tuyé du papy Gaby—Lison 源泉—Salins-les-Bains

第一天下午

从死亡阶梯出来，沿着 D211 往西，会经过莫尔托，这个地区以烟熏大香肠最为出名。在一家名叫 Le Tuyé du papy Gaby 的大型餐厅，我们吃了至少 5 种不同的香肠。库房里的场景更令人心醉，漫天都挂着香肠。饭前，娜塔莎和莱比都喝了几口白葡萄酒，我希望来点更烈的苦艾酒。我说："在法国，也许一点点酒没事。"娜塔莎笑着说："你自己看着办好了。"

饱餐一顿后，我和娜塔莎先上了车。几分钟后，莱比匆匆跑来。她提着一个粉红色的小猪纸盒，塞到后备厢，说买了几根大香肠带回伦敦。正值太阳顶头，她担忧地说："但愿车里的温度不会太高。"

从这里前往下一个目的地非常简单，但午后实在太困了。沿途经过了大片的绿色草原，点缀着乡间民宅。娜塔莎说，这里看起来很像瑞士。莱比说，这个区域就是这样，但明天我们就会看到法国式的乡村风景了。娜塔莎问："你们愿意到这样的地方生活吗？"我说，当然愿意，但估计待一个礼拜我就发疯了。因为目力所及，我们在路上没看到任何一个行人。房子和树林漂亮得像油画一样，却空荡荡的。

○ 很多当地人在 Lison 源泉找到心灵的平静，这里也是徒步爱好者的天堂

抵达 Lison 源泉（Source du Lison）时，我们吃惊地发现，德国人跑到了前面。莱比说，没关系，后面还有好几辆车没到。这里是 Lison 河的发源之地，源头是一个瀑布，从洞穴流出，形成一个小池塘，再缓缓形成溪流。瀑布声让这里显得更为静谧，鸟儿在树荫和草地上跳跃。我从没在旅行指南上看到过这里，但当地人似乎很喜欢来这儿。他们认为这里是平静祥和的天堂，徒步者会沿着山林往上走，寻找内心的宁静。但我心里想的是，那几个德国人先走了吗？不知道莱比怎么想。

我们匆匆拍了照片，莱比迅速贴到了 Instagram 上。按照组织方要求，这能增加我们拉力赛的积分。我打起精神，开车朝这天最后一站驶去——Salins-les-Bains，坐落在山谷里的“白色黄金”古城。盐业曾给这里带来巨人的财富，在地下有个古老的盐场，可供参观。如今这里以温泉和赌场著称。

傍晚时分，我已经喝了好几杯酒。汝拉山脉的黄色葡萄酒太特别了。我晕头转向地在街头闲逛，碰到娜塔莎和莱比。她们一头湿发，脸色红润，刚泡完温泉回来。我说，看来我得早点睡了，今天有点紧张。莱比说：“是的，你是司机嘛，但我还要去赌场再玩一玩。”

Salins-les-Bains—皇家盐场—Dole 古城

第二天上午

早上的运势就不太好。先是晚出发了一步，等我们到了附近的皇家盐场，又逗留得太久。18 世纪修建的皇家盐场（Saline Royale d'Arcet-Senans）是克劳德·尼古拉斯·勒杜按照其“理想城市”的理念设计的。他讨厌皇家惯用的巴洛克风格，热衷新事物，所以这座半圆形盐场有种乌托邦的建筑气质。如今这里也是世界文化遗产。巨大的广场在烈日下一览无遗，树荫太少了，我和娜塔莎只好躲在门廊下。而莱比则醉心于里面的一处花园，迟迟不见人影。

我们再出发时，远远看到前面有辆车，是德国人的团队。我说，他们怎么总在我们前面。莱比说，要知道，德国人无论做什么都在前方，带着我们走。我们全都笑了。

Dole 古城是这天上午的最后一站。从皇家盐场到 Dole 有一段疯狂的公路。我们沿着 D31 朝北，莱比提醒我在第一个路口往西拐进去，接下来是长达 16 公里的直行，会穿越一大片荒野森林。有一阵我们谁都没说话，似乎都被这条直线惊呆了。

这里的运河很适合开船游览。我不会游泳，更不会开船。莱比说她来，她每年夏天都去海边度假，开船没问题。运河很平静，停满了打扮精致的船上酒吧和餐馆。德国人的船就在旁边，离我们几米远。从开船的技术来看，莱比这个英国人比德国人强多了。

Dole 古城最重要的景点是巴斯德博物馆。据说法国每个城镇都至少有个地方以巴斯德命名。他是 19 世纪的化学家，巴氏消毒法的发明者，还培育了世界上第一支狂犬病疫苗。他出生的房子如今是一个展品种类繁多的博物馆。我们的向导以前是个老师，不厌其烦地讲了一大堆枯燥的故事。

最后我们不得不提醒他，午饭时间已到，再不走我们真的快迟到了。

是的，这天运气不太好。我问莱比，昨晚在赌场运气如何？她说，她去赌场不是为了赢钱，主要是取乐。

········

路易斯 · 巴斯德

巴斯德一生研究成果众多，主要的发现是用低温加热啤酒就可杀死酒中的乳酸杆菌，巴氏消毒法由此诞生。如今人们常用这种低温消毒方法处理乳制品。狂犬疫苗的发明则是巴斯德另一项伟大的成就，1885 年巴斯德用狂犬疫苗成功挽救了 9 岁男孩梅斯特的生命，从此狂犬病再也不是令医生无计可施的致死传染病。

○ Dole 古城的教堂

Dole 古城—Château du Clos de Vougeot 酒庄

第二天下午

午饭后我们直奔这趟拉力赛的最后一站，也是最令人兴奋的地方：勃艮第的葡萄园和酒庄。这个区域最著名的葡萄酒就来自科多尔省——产区从第戎往南延伸到博讷。莱比很兴奋，她来过这里，对葡萄酒也很了解。但这片葡萄园实在太大了，要找到拉力赛的指定地点仍有一丝困难。我们差一点就错过了，绕了一圈路，但随后我们就发现，那几个德国人似乎也绕晕了。

这片葡萄种植区是一片狭长的斜坡，爬满了藤蔓，临近公路的每个村庄都有一座教堂，站在任何位置似乎都能看到迷人的葡萄园。但最佳地点是 Vosnes-Romanée 村子背后的路口，那儿立着一个 14 世纪的十

·······

勃艮第葡萄酒

勃艮第葡萄酒被誉为“法国葡萄酒之王”。与波尔多葡萄酒不同，勃艮第葡萄酒采用单一葡萄品种酿造。红葡萄酒由黑比诺酿造，口感轻盈，带有果香；干白葡萄酒则主要用霞多丽酿造而成，是世界上最昂贵的葡萄酒之一。勃艮第葡萄酒最重要的产区——科多尔葡萄园由两部分组成，北面是夜丘，主要生产红葡萄酒；南面的博讷丘则以干白葡萄酒和柔和的红葡萄酒闻名。

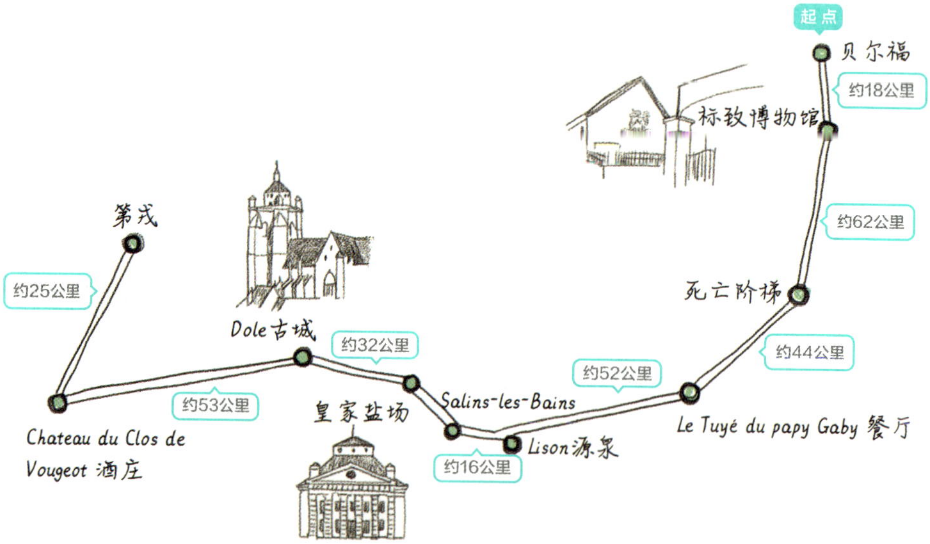

字架，指向天空。我们三个走下车，在十字架前照了一张合影。

接下来是去一座城堡酒庄。按照组织方介绍，我们只需开车几分钟就能到达。但莱比的导航却让我们越开越远。我始终觉得不对劲。我说，要不我们再仔细看看，别到最后一刻功亏一篑。我在路边停好车，莱比马上给她的丈夫打了个电话。那个男人的老家就在附近，但他在电话里也不清楚我们到底身处哪儿。几番折腾，莱比终于意识到我们要去的酒庄只是跟修道院有关，而她导航的目的地却是一家如今仍存在的修道院。

当我们最终驶入酒庄时，奇迹般地发现我们仍是第一个抵达的团队。城堡式酒庄 Château du Clos de Vougeot 是体验勃艮第葡萄酒的最好去处。下午 5 点左右，所有团队都已抵达，集中在品酒大厅。我们面前放着三杯酒和一些点心。现在，谁都不在乎喝酒和开车的关系了。一点点，大家都只喝一点点。

娜塔莎问我，酒怎么样？我其实尝不出太大的区别，也找不到专业的词来形容。最后我告诉她，第一杯酒适合朋友聚会，第二杯酒适合情人约会，第三杯酒，只好独酌了。

○ 科多尔的葡萄园适合自驾或骑自行车

○ 科多尔的酒庄

尾声：第戎

赛后的晚宴在第戎的Grand Hotel举行。莱比和娜塔莎都换了衣服，盛装出席。餐厅外的露台上，一位女歌手正在做准备。据说这天晚上，法国所有地方都会有音乐。组织方和参赛者终于全都解脱了，谁也没聊比赛的事，全都在喝酒。

晚上8点，大家找到自己的座位，点餐上菜。莱比和娜塔莎坐在我对面，在她们身后，主持人正打算宣布拉力赛的结果。我看了看莱比，她心不在焉，好像一点也不在乎。

起初是一些精神安慰奖，然后三等奖，二等奖，都没有提到我们团队的名字。获奖的团队都拿到了一个大礼包，他们回到座位时，把礼包里的东西掏出来在桌上传阅。我们三个都沉默着，前菜和主菜都吃完了，再来一份点心，晚宴就结束了。但是一等奖宣布时，仍然不是我们。我感到惊讶，怎么连个安慰奖都没拿到。我看了一眼娜塔莎，她只是笑，好像在示意我别着急。

的确不用急。谁知道还会有个特等奖呢。当主持人念出“凯撒”这个名字时，我看见莱比的嘴角泛起一丝微笑，仿佛她早料到这个结果。她平静地放下刀叉，转身站起来，那样子好像在用地道的伦敦腔说着：“你知道的。”

两条环线，体验凯里的童话诱惑

文○张海律
图○喻添旧、张海律

凯里，
这个和中国黔东南首府同名的爱尔兰小地方，
同样是一个风光秀丽的自然天堂。
这里有曲折的公路、起伏的草坡、惊险的悬崖和惊涛拍岸
——你要在此拍出一张天荒地老、海枯石烂的无人全景照，
实在不是一件难事。

○ 彩色的小房子和弯曲的小路是丁格尔的魅力所在

诱惑女孩的童话

有部故事颇俗套的好莱坞爱情电影《闰年》，说的是波士顿姑娘安娜迷信闰年2月29日跟男友求婚会成功的爱尔兰传说，订了航班准备到都柏林“活捉”参会男友，却因糟糕天气迫降威尔士。为赶时间，她改搭渔船，然而地理知识混乱的她却漂到爱尔兰岛西岸的丁格尔（Dingle)——凯里郡（County Kerry）一个风光绮丽的半岛。她在那碰上一个蛮不讲理行为古怪的乡村野夫……经过一段相互仇恨、相互伤害的倒霉公路旅行，波士顿姑娘莫名其妙地与医生未婚夫分手，跟了那个带羊粪味儿的凯里农民。

我身边也有一则与这部电影相似的故事。青岛学霸少女Stella，在大一留学法国布列塔尼时，因为迟来的青春叛逆和对凯尔特民间传说的浓厚兴趣，选修爱尔兰语并爱上了年长她4岁的老师Bear。Bear就来自凯里郡，想“诱骗”青岛少女跟他回家见父母：“凯里太特别了，首都人往往鄙夷我们，认为我们是一些没受过教育、只会爱尔兰语、不讲卫生、带羊粪味道的野蛮人，当发现我的英语完全不带口音后，那种赞美口气其实很让我尴尬。”

我幸运地比Stella先来到凯里，在山沟深处的一驾马车上，惊叹其地貌地质宛如童话中的存在。在我将这种感受分享到社交媒体后，爱尔兰老师加紧了对Stella的“童话诱惑”，用一连串最高级形容词的英文排比句宣传家乡，翻译过来，大意就是：“凯里是风光秀丽的自然天堂！绿宝石！啊！美丽的凯里！快去办签证吧！”

占地约4746平方公里的凯里郡，主体部分有两个插向大西洋的半岛——丁格尔（Dingle）和艾沃瑞（Iveragh）。从中心城市基拉尼（Killarney）开车或骑车出发，向北和向南可分别到达两处以“环”闻名的风景——由闭合式环岛公路形成的环形游览路线。一个是位居北方的浓缩版“丁格尔环”，一个是南方名气更大的“凯里环”。选择哪一个是英文旅行论坛上最让外国驴友犹豫的难题。两环地貌不同、风景各异，时间允许的话，最佳答案当然是：“两个都去！”自己开车的话，一天一环，也能玩个大概了。必选其一的话，答案经常是：“‘丁格尔环’气质更野一些，也没‘凯里环’那么多游客。”实际上，无论在哪个环形公路围绕的风景区，你要拍出一张天荒地老、海枯石烂的无人全景照，都不是难事。

美味“法鲨”

基拉尼有家餐厅，竟然有性感“法鲨”的气味。被称为“法鲨”的电影演员迈克尔·法斯宾德，母亲是爱尔兰独立领袖迈克尔·柯林斯的曾侄孙女。两岁时，他就跟随父母回到爱尔兰，在基拉尼长大，直至17岁离开当地的圣·布兰登学院，到伦敦中央圣马丁学院学习表演。他们家曾在镇上经营一家West End House的餐馆，直至2015年“法鲨”才以150万欧元价格将其挂牌售卖。如今你还能在基拉尼见到这家餐厅，只是“法鲨”不会在吧台后微笑了。

丁格尔环

《闰年》里，安娜第一个被迫抵达的爱尔兰城镇是“北环”上的丁格尔镇。电影里，那是暴风雨中只有一间酒吧营业的破落小镇，里面还点缀着三两个言行举止古怪的醉鬼。事实上，至少在夏日旅游旺季，2000 名当地人加上可能同等数量的游客，会让镇子成为热闹的狂欢地。如果是在 10 点才天黑的夜里抵达，你会质疑丁格尔旅游名镇的身份，因为大街上冷清极了，错落排布着的两层小楼外连猫的影子都没有。不过，这可是淹没在健力士啤酒泡沫里的爱尔兰，镇上的酒吧密度比酒店和餐厅还大，随便推门进入一家，就很可能得躬身钻过拉圈跺脚的踢踏舞群众。

这是极有趣的体验：小心翼翼不碰到乐谱架，踩过舞台方寸空间，挤过放声大笑的男女酒客，最后你好不容易来到距吧台尚余 30 厘米的木板前，艰难喊出“伙计，给我来杯生啤”，咽下杯沿上那圈泡沫后，跟旁边对你点头微笑的家伙道一句“Sláinte（干杯）”。

这些酒吧，把半岛及其周边的音乐人都吸引过来。主业是小学老师的小提琴手 Fiddle 退场后，在旅游管理部门就职的巴扬手风琴手立马接上，抑扬顿挫地拉出让人坐不住的拍子，观众则跳起《大河之舞》中那种硬踢踏，将地板踩成了军鼓。

靠近码头的一家酒吧里，年轻的吉他手和风琴手搭配一位耷拉着睡眼弹奏尤克里里的老头，高唱那首被红发艾德唱到排行榜榜首的《高威女孩》（*Galway Girl*）， 歌词讲述英格兰男人在酒吧里搞定爱尔兰小提琴手的一夜情故事。得知面前那桌客人来自纽约，大概可以猜到他们政治立场后，吉他手说：“那就来一首献给川普的歌谣。”他们就把平克·弗洛伊德那首著名的《墙上的另一块砖》，故意唱成了“川普长城”：All in all you are just another brick in Trump Wall。

镇子中央圣玛丽天主教堂的修道院，已经被改为 Dick Mack’s 酒吧群，和世界其他地方一样，醉醺醺的青年在这里钻进厕所后，也会开着黄色玩笑“亮剑”。这可是肯·洛奇电影《吉米的舞厅》里保守的爱尔兰中西部地区啊——1933 年，教区神父曾百般阻挠共产党领袖詹姆斯·格拉尔顿开舞厅、跳踢踏、学歌谣，并最终把他赶回了美国。如果神父大人活到 84 年后，看到当选的年轻总理利奥·瓦德卡不但有印度血统而且是个同性恋者，估计得咒骂着哭晕吧。

从丁格尔镇往西，除了“Safety”的安全标示，路牌就只留有爱尔

○ 当地音乐家在酒吧里弹奏尤克里里

硬汉酒馆

由汤姆·克林在凯里郡村庄里经营的南极点酒馆（South Pole Inn）值得一探。汤姆是著名的南极探险家和水手，出生在丁格尔半岛东南部的村庄 Annascaul。在 20 世纪初的南极英雄探险时代，他参加过英国 4 次主要探险中的 3 次。如 1914 年曾跟随欧内斯特·沙克尔顿重返南极，进行了那趟虽然没有成功却被如今商学院奉为经典教案的“坚忍号探险”。回国后汤姆开始经营自己的酒馆。

兰语了。这也是全岛保存凯尔特文化和语言根基最深厚的地方之一，甚至有些老人并不会英语。半岛的爱尔兰语是“Corca Dhuibhne”，意指中世纪时期曾占据这块地区的一个部族。2005 年，语区管委会宣布从词典到路牌全面废除“Dingle”这个英文地名，丁格尔镇从此变为“An Daingean”。糟糕的是，当地经济实在太仰仗旅游业，更名后大批跟着 GPS 的自驾游客，被误导到岛上其他有着相似名字的小镇。骄傲的丁格尔人，不得不在 2006 年 10 月开始一轮关于是否使用英爱双语的公投，

○ 丁格尔威士忌酒厂的墙壁上记录着集资建厂的人名

1086张有效票中有1005票赞成改为双语。不过为了维护民族语言的地位，路牌仍然只使用爱尔兰语标示，本地人只好上街喷补上“Dingle”的英文字样，算是一种被完全默许的涂鸦。

通往爱尔兰本岛最西端的Slea Head公路，虽然不是单向车道，但因狭窄到仅供一辆大巴通行，外来大小旅游车辆，都自觉遵守着顺时针游览的潜规则。好在每隔几公里，总有拓宽出来的停靠处，既可供车避让，又能作为壮阔悬崖海天的观景台。但要想爬到更高处眺望，就得注意了——爱尔兰绝大部分土地都属私有，虽没明说“禁止入内”，但栅栏内广袤草场的未知主人，不一定欢迎前来取景的陌生人。

顺时针走一圈，你会经过凯尔特和史前遗迹博物馆、铁器时代的Dun Beag要塞废墟、饥荒年代小屋、Coumeenoole沙滩、布拉斯基特岛文化中心、半岛博物馆和加勒鲁斯小教堂。其中在接近陆地最西端Dunmore Head的崖壁上，有一条通往游船码头的绝美小径。100年前，从对面大布拉斯基岛来的渔夫和牧民，会把绵羊从这儿一路赶到丁格尔农贸市场；邮递员和征税官会在小径和码头分别得到一杯热茶或一些石头伺候。

1953年11月17日，6岁的Gearoiwd ó Catháin从小径爬到公路并被接走后，布拉斯基群岛再无居民，这个生活艰苦且再没必要供给物资的蛮荒之地终被遗弃。感谢几位闲暇时间坚持用爱尔兰语写作的渔民作家，让今天的拜访者，能在附近的群岛历史中心（Blasket Centre）看到这些失去故土的岛民的鲜活图文记忆。他们中的一部分人搬到了可以眺望老家的Dunquin——一个因是爱尔兰最西定居点而被戏称为“美国隔壁教区”的小村，另一些人则真的漂洋过海去了美国，后代大多生活在马萨诸塞州的Springfield。

快回到镇子处的路口，有一家让威士忌藏家觊觎的丁格尔酿酒厂（Dingle Distillery）。根据在橡木桶中陈酿至少3年的爱尔兰法规，这家2012年建成的超小型酒厂，直至2016年底才推出自己品牌的处女作，包括7500瓶46.5度的单一麦芽和500瓶60.7度的桶装强度原酒（Cask Strength）。这批全程存于波本桶的威士忌，一上市就被提前多年预订的众筹者和新买家抢完，一方面当然是受物以稀为贵的心理作用驱使，另一方面也带有某种民族产业复兴的骄傲。要知道，一度以“纯壶式蒸馏威士忌”蜚声海外，并区别开隔壁苏格兰的爱尔兰威士忌，几乎整个20世纪一直在走下坡路，到20世纪80年代甚至仅余两家酿酒厂。最近

30 年，虽然 Midleton、Cooley 和 Bushmills 等大品牌成功带动了本岛威士忌的复兴，但只有这家由连锁酒业餐饮集团 Porterhouse 创始人 Oliver Hughes 下决心投产的 Dingle Distillery，实现了百分百爱尔兰独资。

不幸的是，因为心脏病突发，年仅 57 岁的 Oliver 没能等到自家第一批威士忌上市就离开了人世。拜访酿酒厂后，女经理拿出一瓶私藏的有老 Oliver 签名的 Cask Strength，大方地给我们“倒上几滴”，“这可是 500 瓶之一，谁都不许把瓶子拿走！”

我出神地看着瓶子的包装封套，前一部分是 Porterhouse 手持镰刀和稻草的农夫简笔画形象，后一部分是关于 1916 年复活节起义的油画，村民们或徒步或骑车赶往城市，声援爱尔兰共和国从英国独立的抗议活动。而 Dingle Whiskey 发行的 2016 年，也正是起义一百周年。不远处的大海里，那只从 1983 年“移民”入丁格尔港湾后就再也不走的瓶鼻海豚 Fungie，例行开始了与游船的黄昏嬉戏。我们握紧珍惜的“生命之水”，为半岛这美好的一天、为爱尔兰民族酒业的复兴，共道一声“Sláinte”。

凯里“环中环”
逆时针的马车、徒步和泛舟之旅

“凯里环”（Ring of Kerry）初始那段邓洛隘口（Gap of Dunloe），刷新了我对风景的认识极限，我激动地立即在朋友圈中分享：“并不是说它是最美的，而是最让人产生接近童话的感觉。”

邓洛隘口只是艾沃瑞半岛 179 公里长的“凯里环”初始的一小部分。与“丁格尔环”相反，按约定逆时针行驶的旅游大巴，是不可能有时间深入更多风景绮丽又各异的环中环、岬角、岛屿和沙滩的。而我们的“凯里环”初体验，偏偏选择了 11 公里的邓洛隘口，接续上一个半小时贯穿三湖的航行，回到作为凯里郡旅游中心的基拉尼镇（Killarney），刚巧也逆时针完成了一个小环。绝大多数住在镇上的游人从基拉尼湖（Lough Leane）北岸 Ross 城堡旁的 Reen 码头开始这段旅程，他们或徒步或将山地车搁在船前，而这段旅程必将对辛劳付出给予美丽回报。但要想真正进入童话世界，还得从镇子西南边的 Kate Kearney 农舍开始，乘坐双轮敞篷马车（Jaunting car）游览。Kate 这个女孩名，来源于一首民歌，传说她曾在这座农舍内，给疲惫的赶路人源源不断变出私酿威士忌。

○ 乘马车穿越凯里风景区的传统由来已久

等待客人的车夫们，用一种源自 20 世纪 20 年代的转盘抽签法，来决定由谁上马去运送下一批客人。8 岁的公马 Stippy 及其主人 Pat 被选中了，跟着的那架马车的车夫还带上 10 岁儿子“实习”，他们并不会说爱尔兰语，彼此之间交流时带有浓厚的英语口音，会让人以为到了《权力的游戏》中游牧民族多斯拉克人的地盘。所幸 200 米高差的隘口远不如多斯拉克人迁徙路途那般严酷凛冽，翻过一个个小山口，经过接连的 5 个清澈水泡子，又如同置身《魔戒》中最清秀的夏尔小人国。

邓洛隘口位处西侧的 Macgillycuddy 层叠山脉和东侧较矮的紫山之间，大面积的红色砂岩崖壁也非常适合设计攀岩线路。从马车上四下张望，时不时会见到孤独的攀登者，向着海拔 1038 米的爱尔兰岛最高峰 Carrauntoohil 前进。

1978 年才通电的隘口最南端的黑谷（Black Valley）是爱尔兰最晚才通上电力和电话信号的定居点。或许因为这种偏远和落后，黑谷在 1992 年被导演尼尔·乔丹选中，拍摄了著名同性政治惊悚片《哭泣的游戏》。11 公里长的隘口结束于一所 19 世纪的 Brandon 领主农舍，河边优哉游哉吃着青草的梅花鹿，与山崖上活蹦乱跳的野生红鹿，看上去是老死不相往来的两个物种。

农舍背后一条小径，通抵基拉尼湖区的上湖部分。因为早几小时前带飞钓客人捕捉到不少虹鳟鱼和三文鱼，船夫 Billy 心情好极了，激动介绍着这一区域的捕鱼情况："公园范围内，钓鳟鱼没限制，可以自己拿根竿子在岸边免费钓，也可以租船在湖中心钓。三文鱼就不行，虽然它们每年从大西洋经劳恩河洄游到基拉尼湖的时期都超长，但要湖钓必须提前办理下竿证，接下来的 7 月末是三文鱼数量最旺盛的时候。"

航行到上湖某块巨大的岩石边，船夫决定"叫鸡"，老练地用马达点出暗号，两分钟后，果然有一只花枝招展的野鸡从悬崖上一路蹦跶，来到船前。我们把手边的碎饼干撒到石头上，它就急不可耐地啄食起来。由于我们给的零食实在有限，这个漂亮家伙表露出不爽的神情。

自从 1987 年美国一家企业收购了基拉尼镇上的丝袜厂后，老头 Billy 和他的 1100 名同事就下岗了，他也因祸得福地成为基拉尼国家公园雇用的一名船夫。"每次经过这儿，这家伙就会蹦跳过来，算是养了它 3 年了，圣诞就把它下锅吃了吧。"这估计都成了他对每一队船客的台词了。

经过一段湖河难辨的狭窄水域，到了旱季水位非常浅的老威尔石桥（Old Weir Bridge）前，我们只能暂时下船，徒步走到中湖岸边，少了大量负载的老 Billy 撑蒿到前方接应。部分区域达 75 米深的中湖（Muckross Lake），也是爱尔兰最深的湖泊，它与面积 19 平方公里的最大的基拉尼湖其实算一个完整水体，仅被一条狭长半岛和 Brickeen 石拱桥分开。1816 年维多利亚女王的盛大来访，让中湖东岸 Herbert 家族的钓鱼和狩猎小屋，扩展成了如今的景点 Muckross 宅邸，也让更高处可一眼望尽三湖和邓诺隘口的平台被赋予雅称——"夫人们的视点（Ladies View）"。

小艇最后停靠在大湖东侧的一片芦苇丛前，那是湖畔酒店（The

Lake Hotel Killarney）的私家码头，一座具体建造年份已不可追溯的中世纪城堡废墟立于岸边，有力生长的松树将石砌塔座撑破了大半，野花、芦苇和荷塘间引出的一条小径指向 1820 年建成后不断扩大的酒店。多次易手后，1940 年，Huggard 夫妇买下了这块曼妙的土地；6 年后，妻子 Mary Huggard 成了爱尔兰旅游局的创办者及第一任总监；接着长子 Noel 也子承母业继承了这一要职。丰富的管理经验让家族不仅为自家酒店，更为号称“翡翠岛”的爱尔兰旅游业做出了突出贡献。清晨，从湖畔酒店新楼偌大的房间醒来，躺进扇形按摩浴缸。窗外，湛蓝的湖水轻抚着芦苇丛，一家子梅花鹿已经开始了晨练。

○ Slea head 是丁格尔半岛最著名的地标之一

○ 行驶在丹纳利国家公园的旷世美景中

阿拉斯加极北公路远征记

文 ○ 卡兹
图 ○ 卡兹、视觉中国

阿拉斯加一路皆美景，
公路不仅是串起城市和景点的通道，
更是旅行最精华的部分。
荒原上的阿拉斯加公路网虽不密集，
但沿途的景色却足以撑起一部公路大片。
让我们来趟公路漫游，
体验高山、冰川与蛮荒之地的旷野奇景，
在这里感受淘金者与冒险家的梦想。

从 3 号公路出发！

580 公里

安克雷奇（Anchorage）—塔尔基特纳（Talkeetna）—丹纳利国家公园（Denali National Park）—费尔班克斯（Fairbanks）

大多数旅客的阿拉斯加自驾之旅都始于 3 号公路，这条公路连接着阿拉斯加两个最大的城市安克雷奇和费尔班克斯。驶离首府安克雷奇后，我们驰骋在 3 号公路上，周围依然车来车往，此时透过车窗望向阿拉斯加，可能还不足以了解这片土地实际上有多么荒凉。当天傍晚到达丹纳利国家公园，入住在景区入口附近的小木屋，雨季的尾声让两边的远山云雾缭绕，周围是一片荒原，偶尔可见驼鹿慢悠悠地经过，或是狐狸在树丛中探头探脑。木屋主人一边劈柴一边对我说道："从这里到森林只有几公里，20 多年前，一个美国年轻人自从进入森林，就再没能走出来。"他说的是个理想主义的青年，为了追求梦想而葬身于阿拉斯加荒野的故事。这则故事后来由乔恩·克拉考尔写成了畅销小说《荒野生存》（*Into the Wild*），并由大名鼎鼎的导演西恩·潘改编成了同名电影。而男主人公日记中提及的"神奇巴士"也依然年复一年地静立在林地中央。这一来自 1946 年的费尔班克斯公交车车厢，是多年前在小径的偏远路段上由于轮轴断裂而被工作人员弃置荒野的，也因此成为男主人公生命最后日子的庇护所，如今这里也成了荒野探险者与梦想家的朝圣之地。

丹纳利国家公园是阿拉斯加州的第二大公园，以北美最高峰麦金利山（Mount McKinley）为标志，这座一度被视为全球最冷的山脉（冬季气温会降至零下 40 摄氏度），却吸引着众多行者前来一睹真容。公园内只有一条路，全长 150 公里，沿途可见北极荒原和北美最高峰下丰富的野生动物。路的终点是 20 世纪初淘金者生活的社区，这个淘金社区建于 19 世纪初的黄金热潮时期，当时有几百人来到此地，后来发现这里的黄金存量并不如想象中丰富，大部分人就离开了，留下的人为了在荒野中求生存，在山坡上开辟梯田种植蔬菜和庄稼，还经常独自狩猎。艰辛的劳作让这些开拓者

○ 在丹纳利国家公园常常邂逅北美驯鹿

在荒野中定居下来，也算成就了阿拉斯加早期拓荒者的英雄梦想。

○ 费尔班克斯是全世界离极光带最近的城市，是欣赏极光的绝佳地点

离开丹纳利国家公园，沿3号公路南行约40公里到达Cantwell，此处转向8号公路，也叫丹纳利公路（Denali Hwy），沿着阿拉斯加山脉，从Cantwell到Paxson，南北分别与3号公路（Park Hwy）和4号公路（Richardson Hwy）相交，全长217公里，于1957年开通。这条公路是阿拉斯加著名的景观大道。为了保护这里的自然环境，政府刻意保留了这条公路最原始的状态，其间只有从Paxson起的33公里和从Cantwell起的5公里路段铺了柏油，剩余176公里全是砂石路面，平时来往此路的车辆很少。没了人的打扰，野生动物便成了这里的主人，如果足够幸运，你会看见几百只驯鹿在山谷间悠然散步。

400公里

费尔班克斯（Fairbanks）—切纳温泉（Chena Hot Spring）—冷足镇（Coldfoot）

道尔顿公路，全世界最危险的公路！

从丹纳利国家公园出发，走完风景如画的丹纳利公路，用时6小时，再行驶近3小时，就终于抵达费尔班克斯了。费尔班克斯是阿拉斯加的第二大城市，也是全世界距离极光带最近的城市，更是欣赏极光的绝佳地。在这里一年中有200多天可以看到绚烂的极光。就在城市外围1小时车程的地方，还有一处隐匿的温泉，你可以泡在40摄氏度热气腾腾的水里等待极光降临。短暂歇脚之后，沿着2号公路继续北上，不久就进入了真正的荒野。路边整齐的信箱和偶遇的油田运输车辆，勉强还能提醒我这里有人类的存在。当晚，我们从主路旁放置信箱的地方，转进一片森林中泥泞的小路，投宿在了Mari家。Mari独自深居在这片靠近极地的森林里，拥有三栋木屋和一座农场，她是位专业驯狗师，农场里驯养着12只阿拉斯加雪橇犬。她独自打理着这里的一切。其实，Mari是个挪威人，已在阿拉斯加生活了20多年。“我一直留在这里是因为它们，我可没办法离开它们。”她边说边亲吻着趴在脚边的阿拉斯加犬。深秋的夜里，这片大地日渐寒冷，再过两个星期，大雪将带走这里最后的色彩，Mari的雪橇犬训练营就要开始忙碌了。

第二日告别Mari后，我继续驾车北上，没多久便到了柏油路的尽头，这也意味着道尔顿公路（Dalton Hwy）的开始。这条公路跨越北极圈，通往阿拉斯加的极北之地，直抵北冰洋。在这条公路上，坑洼不平的道路随时会让你的车爆胎，大卡车扬起的尘土碎石会砸破你的车窗。冬季，夜里的气温会降至零下40摄氏度，并且全程没有手机信号，这让道尔顿公路被

○ 在碎石铺就的道尔顿公路上，依稀还能看到货车的身影

BBC 评为世界最危险的公路，奔驰在这条路上的卡车司机也被认为是全美国最辛苦的从业者。

道尔顿公路始建于 1974 年，以终身致力于阿拉斯加油田开发、早年奋战在北极石油勘探前线的詹姆斯·道尔顿而命名，建设的初衷就是配合沿途一路相伴的阿拉斯加输油管道。这条管道穿越了 300 多条河流和近 650 公里的冻土带，全长 1480 公里，石油开采量占整个美国采量的近 1/10，是阿拉斯加的经济命脉。我们与这条钢铁巨龙并驾齐驱，风尘仆仆地颠簸了近 4 个小时到达冷足镇。许多卡车和越野车正聚集在这里休整，经过道尔顿公路的跋涉，每辆车都灰头土脸，显得破烂不堪。镇中心是北极地区的旅客中心，这里之后的碎石公路上将不再有饭店与旅馆，也没有其他任何服务设施，只有凄厉的北风、北极圈内无尽的冻原和夜幕降临后旷野深处的狼嚎，当然还有蜿蜒的道尔顿公路和输油管道犹如两条缎带跨越在茫茫大地上。

983 公里

冷足镇（Coldfoot）—北极村（North Pole）—瓦尔迪兹（Valdel）—安克雷奇（Anchorage）

这里是阿拉斯加大油管的终点！

从北极圈内的冷足镇返回费尔班克斯，再前往东南处的不冻港小镇瓦尔迪兹。首先，经过一个叫北极村的小镇，其实小镇距离北极圈还有好几百公里，更不用说北极了。小镇有一个叫圣诞老人之家的景点吸引着许多游客慕名而来，传说北美的圣诞老人就是从这里出发，坐着北美驯鹿，唱着圣诞歌一路南下，给小朋友们派发礼物。

离开北极村，我们驶进阿拉斯加另一条著名的景观道路理查森公路（Richardson Hwy），大油管依然在道路两旁相随，它与一路南下的理查森公路有多处交会点。在设有输油管道的观景点，从高处往下看，一条“之”字形的钢铁长龙破土而出，横亘在远处的山头。

驶在理查森公路，举目所见，尽是巍峨壮丽的山峰和神秘幽深的峡谷，一条条冰舌从绝美的山峰间探出头来。翻过几座山脊之后，道路沿着陡峭的南坡一落千丈，直抵海平面。穿过山脚下一个幽深的峡谷，一片平原让视野豁然开朗，此时，瓦尔迪兹已隐约可见。沿着这条路行到底，就是阿拉斯加大油管的终点！每天，原油会源源不断地从 1480 公里外的北冰洋普鲁度湾流到这里，再装船运往美国本土的 48 个州。

1989 年的一天，“艾克桑・瓦尔迪兹号”油轮从这里驶离后不久，在距瓦尔迪兹 40 公里的地方触礁，至少有 25 万桶原油泄入威廉王子湾，使难以计数的海洋动物和鱼类遭受灭顶之灾，瓦尔迪兹也在一夜之间成为世人瞩目的焦点。而如今，眼前的这个依山傍海的小城是如此静谧而美丽，四周被白雪皑皑的楚加奇山脉（Kenai–Chugach）所环绕，湖光山色，与世无争。沿阿拉斯加南部海岸绵延 150 公里的楚加奇山脉犹如天然屏障，拦截了从太平洋上飘来的湿雾冷雨，在山的南麓形成了茂盛的雨林，这是太平洋温带雨林最北的延伸。居住在瓦尔迪兹港的居民亲切友善，几乎每个家庭都有自己的渔船和小型飞机，夏季，他们驾船捕鱼，到了冬季大雪封路时，私人飞机则是他们的主要出行工具。

出了瓦尔迪兹调头北上，在格林纳伦（Glennallen）左转向西，就踏上了阿拉斯加的另一条公路——格林公路（Glennhwy）。它同样得名于阿拉斯加的早期开拓者，这条公路的终点便是我们在阿拉斯加北部自驾线路的起点——州内最大城市安克雷奇。在这条路上，你会看见一座高耸的雪峰，它是北美的第二高峰——圣伊利亚斯峰（Mount St Elias），而它所在的区域便是以其命名的朗格 – 圣伊利亚斯（Wrangell–St Elias）国家公园，它大概是美国甚至全世界最大的国家公园，面积是黄石国家公园的 6 倍。公园内没有公路和服务区，完全是原始荒野，有大量的冰川、河流、森林及火山地貌，更有棕熊、黑熊、座头鲸、海豹和鹰等野生动物。这片土地，正是冒险家的终极乐土。

邂逅基奈半岛的峡湾

355 公里
安克雷奇（Anchorage）—苏厄德（Seward）—基奈峡湾国家公园（Kenai Fjords National Park）—荷马（Homer）

完成阿拉斯加北部的自驾行程后，回到安克雷奇，驶进 1 号公路（Seward Hwy），沿着坦纳根海湾（Turnagain Arm）一路南下，风景如画，坦纳根拥有世界级的峡湾风景，而著名的阿拉斯加景观铁路安克雷奇—苏厄德（Anchorage-Seward）也是沿着这个峡湾修建的，公路与铁路并行。1 号公路的最南端是荷马港，它位于基奈半岛，因三面环海，公路到了这里已无法继续延展，所以城市也被称为“公路尽头”。海岸线上有一条 7.2 公里长、向卡切马克湾伸展出的细长陆地，是世界上伸入海中最长的道路，开车走完全程需要 10 ~ 15 分钟。道路尽头，可以看到对岸连绵的雪山、数不清的海鸥、无边的沧海和一群钓鱼的人。道路两边有各类小店，其中，经营海钓项目的是最吸引游客的，可以租船出海打鱼。荷马港又被称作“世界比目鱼之都”，海船打回的比目鱼动辄几十、上百斤重。

基奈半岛上还有一座名叫苏厄德的海港城市，以威廉・亨利・苏厄德命名，他在林肯总统和约翰逊总统时期任国务卿，1867 年，就是他与俄罗斯谈判以 72 万美元买下了阿拉斯加的土地。但最让我们感兴趣的是在安克雷奇和苏厄德之间，一个叫惠蒂尔（Whittier）的小镇。这个小镇只有一栋房子，这幢 14 层建筑里，有邮局、便利店、音像店和政府办事处，全镇大概有 200 人的日常业务都在这里进行。小镇还有一个警察局、一家医疗所、一间教堂和一间自助洗衣店，最顶上两层是居民宿舍，当然，镇长也住在其中。总之，这是一个小得无法再小的地方，只因苏厄德市政厅不断加重游船税赋，导致经营游轮的大亨们忍无可忍，终于迁至惠蒂尔小镇，小镇由此开始繁荣。

在基奈半岛，最大的明星是基奈峡湾国家公园，虽然它是阿拉斯加全境占地面积最小的国家公园，但这里的地貌环境令人惊叹：大片的冰原、数条冰川，多处峡湾遍布园区之内。的确，在阿拉斯加，最让人难以忘怀的就是这一望无际的冰原与散发着幽幽蓝光的万年冰川了。和其他冰川只能远观不同，阿拉斯加的冰川是可以近距离去观赏的，近到似乎一伸手，就能触摸到冰川，偶然间还会听到冰川断裂、落入海面时那震撼人心的轰响。

“这里有晶莹如瀑布的湛蓝冰川，叮咚作响的清泉。清澈湍急的小溪里挤满了银光闪闪的大马哈鱼，还有天空中闪耀着的七彩极光。更为有趣的是，这里的夏天没有黑夜，午夜 12 时，在室外也可以照常看书……”100 多年过去了，阿拉斯加依然跟约翰・缪尔所描绘的一模一样。

○ 在基奈峡湾国家公园的
Exit Glacier 上徒步

提起科罗拉多，
人们首先想到的是大峡谷；
但从高山到平原过渡的大地上，
还有溪水、河谷与山坡造就的美丽褶皱。
东西向的 70 号公路和南北向的 25 号公路，
把科州分成规模相当的 4 个区，
最大的西南区分布着
众多 14,000 英尺（约 4200 米）以上的山峰，
堪称美国之最。
从地图上看，
层层叠叠的高山森林和公路
像是以甘尼森县（Gunnison）
为中心铺开的层层裙摆，
成为我们自驾之旅的目标。

科罗拉多：裙摆之舞

文◎文止则
图◎喻添旧

◦ 在科罗拉多自驾，常常要在山谷和平原之间转换穿行

25/87 号公路

丹佛—红岩—众神花园—科罗拉多斯普林斯—普韦布洛—Walsenburg—阿拉莫萨

建议行程：2 天

第 1 程 石头的花园

从“一里之城”丹佛的老城区出发，沿着两车道的 85 号公路出城，驶出环城高架 470 的时候，不妨用余光扫一下东侧：丹佛城景在迷离的阳光中仿若海市蜃楼。

继续往南行驶，融入多车道的跨州公路 25 号 / 国家公路 87 号——这是贯穿科罗拉多南北的主要交通干道，车辆略多，但不至于拥堵。远处的红褐色山崖映着残雪，若是在阴天，恐怕会颇感萧瑟，但好在科州大部分时候都有充沛的阳光，这种情况不太常见。

科州位于落基山脉东侧，是向大平原过渡的一个州；25 号公路，正位于高原与平原交界线上，公路西侧，是地貌变化丰富的高原，公路以东，

是一望无际的大平原、粮食主产区。

当然偶尔还夹杂着一些高原的“特产”——各种风蚀、水蚀地貌和形状奇特的岩石。

不出 1 小时，路边出现标识“red rocks”。从这里拐向东，走上车迹寥寥（夏季可不是如此）的山路，再往南盘旋几下，便是红岩（Red Rocks）。

红岩距离丹佛不远，站在山坡上就能看到玻璃闪闪发光的丹佛市区。这里的红岩其实是连绵山丘之中的一片丹霞地貌，经过岁月的雕蚀，姿态依然桀骜，但线条已变得圆润。这里除了是公园，也是剧场。登高望远、观星、看电影和演唱会、聚餐都可以，5 月至 9 月活动频繁。不差钱的话，还可以在这里安排私人婚礼等活动。

从红岩出发，回到 25 号公路继续往南，不到 1 小时车程便接近科罗拉多斯普林斯（Colorado Springs）了。从 146 或者 145 出口往西，可以前往该市人气最高的景点——众神花园。这座“花园”其实也是一大片丹霞地貌，各种红褐色的岩石形成“美惠三女神”等独特造型，或壮观或纤巧。科罗拉多斯普林斯是一个古老的小镇，分布着多处矿泉，一条主街上分布着市场、商店和餐厅，一派安静传统的南方生活模样。

○ 彩色的小房子很有旧日时代风情

沿着 25 号公路继续往南。道路的尽头是新墨西哥州，但大部分时候，你会以为尽头就是那些顶部覆盖着白雪的高山。一直行驶到小镇 Walsenburg，我们从此西拐，驶入州公路 160 号。在科罗拉多州的免费旅游地图上，这条红色的道路旁点满黑点——这意味着，我们走的是伴随着风景或历史胜迹的公路。路边时不时会出现一两个大告示牌——XX 牧场、XX 风景区，偶尔有一些牧场的栅栏圈起一大片草地。但最耀眼的，依然是在我们车窗边不断闪现的白雪山峰。路边标识写着“西班牙人峰”，后来看资料才知道，这座看起来巍峨冷峭的山峰，竟然还没能进入 14,000 英尺（约 4200 米）高峰名单。

160 号公路

阿拉莫萨—Wolf Creek 隘口—帕戈萨斯普林斯

建议行程：1 天

第 2 程 山谷里的田园诗意

当西班牙人峰消失在我们后方，眼前曲折的公路伸入山峰之间，沿着河谷迂回向西，视野中不再是开阔的平原，而是山坡上姿态挺拔的树干丛。绕过一个连续急转弯的狭窄隘口后不久，视野又变得平坦开阔起来。但与之前不同的是，环顾四周，皆是或远或近的山。

山谷中的这片平地叫阿拉莫萨（Alamosa），因有不少积雪融化形成的溪流，也成为农牧业和野生动物栖息的绿洲。大片的农田里，灌溉系统正在作业；路边偶尔出现农庄，门前停有六七台约翰迪尔拖拉机、房车以及用黑色袋子打包好的超大牧草卷。

从又一条伴随着风景的公路 150 号拐向北，终点是与森林和高山镶嵌在一起的大沙丘国家公园和保护区（Great Sand Dunes National Park and Preserve）。不肯停歇的反向风，在这里塑造出细腻壮观的沙丘，也给前来滑沙的游客带来意想不到的刺激和乐趣。在它西南边不远处，一条向西的道路通往映衬着雪山的草原深处，那里是一片野牛保护基地 Zapata Ranch，里面生活着此前已经消失、后又被引回恢复生物多样性的野牛。曾经居住在这里的人大概已经离开很久，把这片看似偏远的土地留给了野生动物，还留下几栋窗户失去了玻璃的木屋，继续演绎荒凉的西部感。

从阿拉莫萨往西，群山才真正给我们展开各种褶皱的颜色。经过山谷中的一系列山峰移转，我们沿着与河谷、铁道并行的 160 号公路开始爬坡。Wolf Creek 隘口西侧，可以俯瞰山下的帕戈萨斯普林斯（Pagosa Springs）。参差的山林中点缀着如镜的湖面，草地与河谷间散落着村庄和城镇，一幅真正的如画风景在眼前展开。但这段道路较窄且盘旋下山，停车比较困难，所以想观景的话需要提前计划；驾驶时也要注意坠落或地面的碎石。

160—145—62—550—50—70 号公路

杜兰戈—梅萨维德—特柳赖德—格林伍德斯普林斯—丹佛

建议行程：2 天

第 3 程 西部传奇

从帕戈萨斯普林斯往西，我们进入重重叠叠的山峰之间。此处河流增多，河面变宽，天空很近，云朵缤纷，若是有绚丽的朝霞或晚霞，竟有几分高纬度地区的风情。

1 小时后，沿 160 号公路到达曾经的矿业重镇杜兰戈（Durango）。旧日西部的故事依然充满魅力，很多人来此，是为了坐上杜兰戈至西尔弗顿窄轨铁路上的蒸汽机车，感受百年前的矿业生活。火车站旁的 D &

○ 复古的火车依然冒着浓烟离开杜兰戈去往银谷

○ 红色的山岩上被雕刻出堪称社区的建筑群

SNG 火车博物馆收藏着大量的蒸汽火车头，还有一个专门的工厂帮助这些老家伙保持矍铄的精神；关于此地百年来交通及生活的方方面面，也有不少有趣的展品覆盖。

从杜兰戈往西尔弗顿、乌雷方向的550号公路，也是一条“有风景”的道路，其中一段被称作“百万美元公路”，大概是因为地势险峭。但我们依然待在160号公路上，因为要去30公里以西的梅萨维德国家公园（Mesa Verde National Park）。

梅萨维德是古代印第安人普韦布洛人居住的地方，山崖上留存了不同时期的民居遗址。他们为何选择这个风景绝佳、可以眺望整个山谷的高地，如何在崖壁上建造那些几乎难以抵达的土坯建筑，又为何离开了这里？在考古发现的基础上，种种未解之谜仍给人留下了丰富的想象空间。

梅萨维德北面的145号公路，也是一条景观之路，这条路穿过森林之间的河谷，经过名镇特柳赖德（Telluride）。特柳赖德曾经也是一个矿业小镇，四周依然散布着矿业时代的各种遗迹。如今它除了跟滑雪、度假、昂贵的房价联系在一起，也因电影节、蓝草音乐节以及纳博科夫和里芬斯塔尔等名人而闻名世界。

公路在这里展开了两道褶皱，我们的行程至此加快了节奏，于是放弃有风景的145号公路，取道550号，走上50号公路，再转向东西方向的主干道70号公路，三四个小时就抵达了格林伍德斯普林斯（Glenwood Springs）。顾名思义，这又是一个有温泉的地方，露天的温泉泳池就在公路旁冒着热气，从早到晚都挤满了情侣和温馨的家庭游客。这里还有一座建在山上的冒险公园，设有许多游乐项目，但重点其实是山中一座巨大的溶洞，内有各种各样的钟乳石。

从格林伍德斯普林斯往东，路边的风景又变得绿意盎然了。几个峰回路转，就到了有奥特莱斯的Sliverthorne。这家奥特莱斯的品牌多为美国品牌，比较容易淘到一些高性价比的衣物。

这里距离丹佛已经不远，再往东走，道路两侧的山坡上，各种各样的民居密度开始增加。正东方，阳光下丹佛的高楼在闪闪发光。

从珀斯一路北上，
广袤的澳大利亚西海岸绵延
数千公里。
不同于“热闹”的东海岸，
这里和数百年前第一批拓荒
者们到来时并没有太大差别，
目光所及之处，
袋鼠和鸸鹋远多于人类
——这里依然原始、荒芜又
生机无限。

荒芜之径
——澳大利亚西海岸自驾

文◦黄侃淳
图◦黄侃淳、视觉中国

◦ 短尾矮袋鼠

袋鼠爱自拍

罗特内斯特岛（Rottnest Island）被珀斯人昵称为“Rotto”，这个长11公里、宽4.5公里的小岛一直以来都被当作他们的私家后花园。人们习惯在周末或节假日带着家人、宠物和野餐盒来到这个距离弗里曼特尔（Fremantle）不到1小时船程的岛上，铺上餐垫，换上泳衣，抹上一层厚厚的防晒霜和爱人享受一下午的阳光；或陪孩子在海边踏浪浮潜，运气好的话还能偶遇从你身边悠闲游过的海狗和海豚；年轻人则更爱在烈日下骑行环岛，带着他们的自行车沿着发达的自行车道肆意挥洒用不完的青春和荷尔蒙。

在社交网络大行其道前，即便有少量游客拜访“Rotto”，也只是为了在观鲸季近距离地看一眼那些大家伙。然而 2015 年“短尾矮袋鼠自拍”的照片一夜之间红遍了全世界的社交网络，无数人被这群永远挂着甜美笑容并随时会对着镜头来个“big smile”的小萌物瞬间圈粉。

作为全世界短尾矮袋鼠“唯二”的栖息地，8000 ~ 10,000 只短尾矮袋鼠遍布全岛各处，狂热的粉丝从世界各地赶来罗特内斯特岛，就为了和自拍界的大明星来一张萌值爆棚的合影。其实在这些萌物红遍全球前，它们总是受到严重的不公正待遇。先是发现此岛的船员误将它们当成了体大如猫的老鼠，随后英国定居者错听并改变了它们的名字。最过分的是 20 世纪 90 年代，一群无处发泄精力的动物虐待狂发明了一种名为“矮袋鼠足球”的残忍游戏，大量的短尾矮袋鼠被活活踢死，直到政府严厉惩罚这一野蛮行为，这个残忍的游戏才得以遏制，但时至今日，依然有少量此类事件发生。好在随着“短尾矮袋鼠自拍”风靡全球，政府和环保人士对这种可爱的小动物给予了越来越多的保护和关注。如今，短尾矮袋鼠成了罗特内斯特岛、珀斯甚至整个西澳大利亚州的象征，从旅游纪念品到宣传手册，从政府网站到毛绒玩具，这些萌萌的小家伙无处不在，创造了又一个靠颜值完成自我拯救的成功范例。

海边的沙漠迷阵

“地球上最像火星表面的地方”——对于这样的宣传语，我本不想多加理睬。毕竟出门旅行这么多年，我去过或听说过的“最像火星表面的地方”

已经远远超过太阳系行星的数量。然而，我却被这句话下方的那张照片吸引——成千上万鬼魅般的岩柱从沙漠中拔地而起，仿佛大批被美杜莎石化的外星战士，日光照射其上，在沙漠中投下诡异的阴影，瑰丽而奇幻。

“好，那就再去趟火星吧。”我对自己说。

尖锋石阵（Pinnacles）位于珀斯以北约 200 公里的南邦国家公园（Nambunq National Park）。驾车驶离珀斯后，空气渐渐变得干燥。不同于东海岸的丰富植被，西海岸除了南部的珀斯和玛格丽特河谷（Margaret River）外，多是干旱的沙漠和荒原，这也让西海岸的风景变得大开大合。

离开珀斯时已是下午，我们又在兰斯林（Lancelin）的白沙漠里耽搁

○ 南邦国家公园里，4 只排成队的鸸鹋从沙漠里走过

了点时间，等到达南邦国家公园时，管理处已空无一人。沿着路标驶进车道的一条土路，两侧树枝剐得车厢噼啪直响，一路颠簸着绕过几个弯后，眼前豁然开朗——沙漠中一根根形状各异的柱子钻出沙表，密密麻麻、层层叠叠。石柱或高或低，或三五成群，或孑然孤立。经过千万年的雨雪风沙，这些石柱长成了数千支指向天空的“长矛”。我不知道火星究竟什么样子，但我至少知道，在最后一抹夕阳下，这里，真的不像地球。

印度洋的景观大道

从尖峰石阵出发，沿着印度洋继续北上，这片从兰斯林向北一直延伸到丹尼森港（Port Denison）、长 200 多公里的海岸线有个让人浮想联翩的名字——“绿松石海岸”（Turquoise Coast）。诚如其名，印度洋在这段海岸线透出一股子绿松石般的翠绿，海岸沿线可以见到悠闲的渔村、壮丽的海滩、非同凡响的地貌结构、崎岖不平的国家公园和品类繁多的花草树木。号称绿松石海岸最大的城镇朱里恩湾（Jurien Bay）的人口其实只有约 1500 人，却拥有整个绿松石海岸最美的沙滩。在这里点一份 brunch，吹一会儿海风，而后一头扎进温暖的印度洋里，简单挥霍半天时光后，我们决定继续北上。

过了珀斯和达尔文之间唯一的大城市杰拉尔顿（Geraldton）之后，西海岸终于显露出它荒凉的本色。植物变得稀少，地表开始露出大片大片赤红色的土地，沿途车辆越来越少，吹进车里的是炽热的海风，就连手机信号也开始飘忽不定……这一切都在暗示，我们正驶入这个地球上最地广人稀的区域之一。

继续向前，驶离杰拉尔顿约 130 公里后，我们来到了卡尔巴里（Kalbarri），一向温柔美丽的西海岸在这里突然换了一副面孔，从朴素的农妇变身戎装的战士。数十米高的赤红色悬崖迎着印度洋的波涛平地而起，原本平缓的波浪突然被一堵高墙挡住了去路，于是开始歇斯底里地拍打、怒号。在这种较量中，就连海风都变得肆虐无度，分分钟想要把你的帽子扔进印度洋以稍稍安抚海浪的不甘。

然而这条长 5.5 公里的狂暴路段却是西海岸最美的日落观景点，“岛岩”（Island Rock）、“老鹰峡谷”（Eagle Gorge）、“天生桥”（Natural Bridge）、“波特小路”（Pot Alley）、“彩虹峡谷”（Rainbow Valley）、“蘑菇岩”（Mushroom Rock）、“红色悬崖”（Red Bluff）……从这些漂亮

名字中任选一个，你都可以欣赏到一出完美的日落大剧。我们抵达时，有经验的当地人早就带着相机和烈酒占据了海边最佳的观景位置。好在这里地方大，人又少，我们才能选到另一个不错的位置，支起三脚架，静静地等待日落的开始。慢慢地，原本红色的悬崖变得愈发鲜艳，赤红、绛红、酒红、赭红、橙红，短短几分钟内，之前略显单调的红色砂岩像是有了生命一样快速变换着颜色。就这样不知过了多久，狂暴的海风开始变得轻柔，随着最后一抹天光退入大海的帷幕，天地万物都变得前所未有的安静，而刚刚那场热烈的大秀，就好像不曾发生过一样。

和袋鼠一起吃夜宵

“快看！袋鼠！”

顺着同伴的手指看过去，在距离我们只有几步之遥的地方，一群袋鼠

○ 卡尔巴里国家公园里的袋鼠一家

正在悠闲地吃草，有大有小，看样子是一家子出来吃夜宵来了。当我拿着相机试图靠近时，它们就略跳开几步。眼看接近无望，我索性和朋友在草地上坐下，就着夜色喝起了酒。它们往我这儿张望的时候，我就举起酒瓶："嘿，哥们儿，我也在吃夜宵呢。"

在卡尔巴里国家公园（Kalbarri National Park）徒步了半天后，其实我对袋鼠已经多少有些麻木。我们的向导 Andy 是个土生土长的澳大利亚大男孩,他带我们穿过一片灌木林,登上一处高地上的"自然之窗"(Nature's Window），这是一块被风蚀凿穿的砂岩，从这里可以看到一段漂亮的荒原峡谷，以及峡谷内正在觅食的袋鼠。

卡尔巴里既是国家公园，也是这个小镇的名字。在镇上吃晚餐时，我想要瓶啤酒，负责点餐的老奶奶悄悄告诉我别在这买，隔壁酒吧更便宜，并对我俏皮地眨了眨眼,大概就在这一瞬间,我彻底爱上了这个可爱的小镇。小镇不大，只有一条主路，也只有一家不大的超市。不同于其他西澳小镇的是,茂密巨大的树木把西海岸的热浪挡在了小镇之外,而精心修剪的草坪、干净的公共烧烤炉和完善的野营设施，让人感觉这里少了点澳式的狂放不羁，多了点新西兰式的精细优美。

作为一个常年漂泊在外的旅人，我更喜欢睡车里这种走哪儿睡哪儿、说走就走的自由住宿方式。当然，澳大利亚高昂的住宿旅行成本和良好的治安也是我选择这种游牧式住宿的一大原因。我们把车开到了海边的公共绿地，这里厕所、照明、烧烤炉和饮用水源一应俱全。我们唯一需要做的就是把 SUV 的后座放平，铺上睡袋，选一首好歌，然后静静躺在这张移动大床上，喝着酒听着海浪并以歌声相和。

和海豚共进早餐

“海豚早餐时间：7:45。”

当我在芒基米亚（Monkey Mia）前台办理入住时，旁边告示牌上巨大的字体写着第二天海豚们吃早餐的时间。澳大利亚拥有众多风景优美的海岸，但能够被列入联合国世界遗产名录的却只有三处，除了大名鼎鼎的大堡礁外，另两处都位于西澳，分别是宁加洛海洋公园（Ningaloo Marine Park）和鲨鱼湾（Shark Bay）。

鲨鱼湾从卡尔巴里延伸到卡那封（Carnarvon），海草丰茂的海底和避风港成了儒艮、海龟、座头鲸、鲨鱼和其他海洋生物的绝佳乐园。虽然鲨鱼成群，但这里从未发生过鲨鱼袭击人类的案例，良好的自然环境和芒基米亚海豚让这里位列西澳最佳体验地榜单之上。

驶离 1 号公路 3 个多小时后，我们终于到达芒基米亚。这个因海豚而出名的海湾距离最近的小镇约 30 公里，每天早上，海豚都会准时来浅滩觅食，这群聪明的家伙会通力合作，先把鱼群聚集到一起，并引诱它们浮出水面，进而美美地享受一顿大餐。度假村的工作人员会为追随海豚而来的游客们讲解海豚的生活习惯、生存环境以及它们和这片海湾的渊源，然后人群中的几位幸运儿可以步入浅滩，喂海豚吃早餐。

抛却海豚的光芒，芒基米亚乃至整个鲨鱼湾都是一个绝佳的水上运动目的地，这得益于其较低的纬度和数量众多的天然浅滩。鲨鱼湾的哈美林

池（Hamelin Pool））拥有世界上最著名的叠层石群，这些像珊瑚一样的岩石其实是由 35 亿年前改造大气层的蓝藻组成的，看上去就像电影中西部驿站的现实重现。这个曾经热闹过一阵的海边码头，如今只孤零零矗立着一家客栈。客栈既是餐厅，也是邮局和纪念品商店，由一个老太太经营。在这个快被世界遗忘的地方，她是最后的也是唯一的居民。

也许这就是西海岸的一个缩影，人类因各种各样的资源从东部涌来，却发现无法征服这片荒原，离去后只留下一些浅显的痕迹，而荒原依然是荒原。

○ 澳大利亚西海岸风景

在大兴安岭的绿皮火车上晃悠，
注定只能是一次孤独的旅途。

火车之旅

火车从来不等人，它在不断奔跑中，
与天地共同谱出流动的诗篇，
你只能邂逅这其中短暂的一幕。

○ 根河—莫尔道嘎的铁路线上，有一处风景绝佳的大拐弯

在大兴安岭的绿皮火车上

文○齐栋

图○齐栋、视觉中国

在大兴安岭的绿皮火车上晃悠，
注定只能是一次孤独的旅途。
沿途没有大城市，
没有五星级酒店，
只有林区小镇里温暖又简陋的家庭旅馆，
这是一趟基本没有游客纷扰的宁静之旅。

6268 次
21:42 ~ 22:56
82 公里

海拉尔—牙克石

6268 次列车是一班古老的绿皮火车。与那些被粉刷成墨绿色的新空调列车相比，这是一列冬天烧煤、夏天开窗的旧式火车。每天晚上 21:42，它从海拉尔站驶出，经过 12 个小时的颠簸，于次日早晨 9:18 抵达终点站莫尔道嘎。

在它带我离开海拉尔的那个夜晚，两个操南方口音的中年男人，刚

22B 型客车

中国铁路的客车车型之一，因绿色底色和黄色条带的经典涂装，而被旅客称为“绿皮车”。22B 型客车是中国的第二代铁路客车（第一代为 21 型客车，21 型参照苏联 1950 型客车和日侵时期的 1 型客车建造，使用于 20 世纪五六十年代），曾长期活跃在中国各地的铁轨之上（1959 年开始生产，1994 年停产）。

25B 型客车

中国铁路的客车车型之一，分单层和双层两种，其中单层 25B 型客车以非空调客车为主，双层 25B 型客车则全数为空调车。单层 25B 型客车的标准涂装主色调一般为草绿色，双层 25B 型客车则一般使用橘黄色和白色搭配的配色。25B 车型在 1993 年 1 月 9 日，于北京至长春的 T59/60 次列车上首次运用。

刚在二楼候车室里大打出手，起因只是为争抢一个座椅。尽管在行政区域上，海拉尔属于内蒙古自治区，但在铁路领域，6268 次列车归哈尔滨铁路局海拉尔办事处管辖。这趟列车的列车员总是认真地查看你的车票，以便让你从正确的车厢上车，并对号入座。不过一旦走进车厢，你就变成了鱼缸里的鱼，可以随心所欲地在车厢里游荡。6268 次列车采用了 25B 和 22B 型车厢混编的方式，俨然一个绿皮车厢的大串联。可若你想抚摸一把如假包换的真皮“硬座”，仍需幸运女神的垂青。因为几乎所有的座椅上，都被铺上了一种浅蓝色带花边的椅套。对于这个椅套，除了画蛇添足，我无法给出更友好的描述。

“去采风啊？”第一个与我搭话的人现身了，让人猝不及防，我仔细一看——原来是先前查看我车票的列车员。多少有些新奇的是，“采风”这个似乎早就从词库里消失的词语，此刻居然在耳畔复活了。这让我稍稍有些尴尬，只能勉强挤出一丝笑容，并用“拍两张照片”之类的客套话敷衍过去。环顾四周，人并未有想象中那般多。车厢里的不少乘客早已将身体横在了空空的三人座之上。如果你把脑袋往过道上一歪，会看见一排排平跟或高跟的鞋子，绵延到视线的尽头，那里已然是另一节车厢的领地。

6268 次列车行走在 100 多年前的滨洲线（哈尔滨—满洲里）上，窗外是一片漆黑的夜。沿线经过的那些历史悠久的道班（铁路养护工人），并未从钢化玻璃的另一端如约而至，在肮脏的镜面上，只有我这张日益苍老的脸，极不情愿地浮现在上面。抵达牙克石站之时，我起身去取行李架上的登山包，赫然发现站台上全是黑压压的人头。只好快步飞奔至车门处，抢在人流上车之前，先行下车。

○ 滨洲线上运送木材的列车

1994 年 6 月，村上春树第一次也是迄今唯一一次来到中国。在游记《诺门罕钢铁墓场》中，他记录了一些乘坐绿皮火车的有趣经历。“在一个叫牙克石的车站，很多人一齐挤上车来。不知何故，一个企图扛着自行车上车的男子突然被警察逮住，噼里啪啦打一顿带走了。”20 多年过去了，牙克石站仍旧人头攒动，我费了好大劲才得以全身而退。只是再也没有扛着自行车的男人，更没有打人的警察。翌日清晨，我在牙克石车站拍摄一座中东铁路的俄式老水塔时，一名头发花白的老警察恰好从身边走过。“把咱家的百年老建筑拍下来了啊！”他只留下了一声东北式的豪迈问候。

“牙克石这地方林业工人多，他们的脾气通常十分暴躁。城市给人的感觉也好像相当桀骜不驯”，村上春树写道。可惜的是，在牙克石的停留仅此一夜，没有多余的时间去体验城市的气质，和中东铁路的缘分也戛然而止。滨洲线上的这趟列车会继续开往扎兰屯，而我也将一路向北，沿着牙林线（牙克石—满归）这条曾经形如“木材收割机”一般恐怖的铁道线，迷失在大兴安岭的深秋之中。

4181 次
7:40 ~ 12:03
212 公里

牙克石—图里河

昨夜我还因牙克石站密密麻麻的人头感到恐慌，今朝便沦为其中的一分子。他们又一次将缓缓进站的 4181 次列车围了个水泄不通。不，应该说“我们”。由于临近国庆长假，车上的乘客呈现出一番爆炸的趋势，连车厢过道处都塞满了人，想不对号入座都不行。我被夹在三人座的中间，委实有些不太好受。好在火车这座流动的大戏班子，永远不乏业余演员。东北人把调换位子称之为“串”，他们总是不断地“串一下”，以方便和熟人坐在一起。两个到库都尔的大姐，为了唠嗑串在一块。一个夸对方买的衣服好看，被夸的说 800 多元打折到 680 元；夸人的大妈说为啥不去牙克石买呢还能便宜点，被夸的说这衣服只有海拉尔买得到……

也有拒绝“串位”的。那是一个有些强壮的短发女孩，看上去挺年轻的。理由是好不容易买到靠窗的座位，况且另一头的位子太晒了。她问我是不是游客，得到肯定的答复后，又问我为何不去满洲里，我说 7 年前去过，这次行程比较赶，就舍弃了。她到金河，探望远嫁大兴安岭的阿姨。得知我要去拍摄森林铁路后，顿时色变，说一定要小心“大黑瞎子”。

○ 图里河车站，列车员帮助一名女性乘客上车

“我姨夫是个森林警察，每天的任务就是巡山。”女孩开启了故事模式。“他们每次进山，都会带炮。”这引发了我的好奇，于是打断了她的话：“带什么炮？自制的山炮吗？”这一发问，却害对方扑哧一声捂住了嘴：“你想多啦，炮仗而已，二踢脚，吓唬野兽用的。”

女孩说，那会儿在山里，他们老看见狼啊、野猪啊什么的，甚至还有“大黑瞎子”。有次骑着摩托，忽然遇到一群狼，赶紧跳车，哧溜一下上树了。不过常在河边走，哪有不湿鞋的。他姨夫有一回没躲过去，被“大黑瞎子”抓掉了半张脸。好在大难不死，手术及时。医生割下他肚子上的一块皮，将其完美移植到脸上。

故事太刺激了，叫我不得不拿出一瓶从牙克石车站买的山丁子饮料，喝两口压压惊，没想到却招来一阵嘲笑……“一点也不好喝，”女孩说，“你干吗不直接采野果子吃呢？”这问题实在让我无言以对。

库都尔一过，人走了一大半。一个大叔高亢的声音，隔着几个座椅传了过来。无须竖起耳朵，像街上那些爱来爱去的口水歌那般，不经意间就被听觉系统接收了。大叔向邻座的人吐槽说，女儿在北京上班，三十好几了就是不肯找对象，赚的钱每个月全花完。继而开始感慨这里的好：“你看这天，确实是蓝色。你看这云，确实是白的。你看这水，确实是清的。北京你能看啥？看人多，看楼高，看堵车。”

和我一样，他也到图里河。但又不一样，这里是他的故乡，我的远方。

车厢里的故事，讲不完，也道不尽。车厢外的世界，却是一片金黄，一派梦中难觅的场景。牙林线，是一条铺设在森林中的铁道，是大兴安岭的钢铁大动脉。你甚至无法得出一个清晰的结论，究竟是枕木下的碎石更多，还是铁道旁的落叶松更密。在拓荒时代，举国的木材几乎都靠牙林线从黑土地往外运送，让“火车一响，黄金万两”的传说不胫而走。然而成也木头，败也木头。人类贪婪的索取，引发了大自然的无情报复。“为子孙后代留下一片蓝天碧水绿地”的呼喊，取代了先前的无休止砍伐，封山育林的时代到来了。这条曾因木材的兴盛而热络的牙林铁路，渐渐归于冷寂。运送木头的大型货运列车，几乎销声匿迹。只有像4181/4182 次和 6268/6270 次这样为数不多的客运列车，每天按部就班地在广袤的森林中穿梭。

而实属小确幸的是，从海拉尔开往满归的 4181 次绿皮火车，早已由过去的“木材收割机”，变成这一刻的“美景收割机”。从牙克石到图里河，列车穿过草原湿地，落叶松已经黄袍加身，摆下迷魂阵坐等火车“自投罗网”。不管是台湾乐队甜梅号歌曲中的“金光之乡”，还是日本作家伊坂幸太郎笔下的“金色梦乡”，在秋天的牙林铁道面前，都像陨落的星辰般黯然失色。而坐拥这片梦幻的，可以是眼睛，也可以是身体的任何部位。可别忘记，4181 次是一趟能够开窗的绿皮火车，当金黄色的树叶透过车窗，缓缓摇曳进车厢里的那一刻，请千万不要辜负这份大自然慷慨的爱。

4182 次
13:14 ~ 15:57
122 公里

岭北—乌尔旗汗

图里河是一座教科书般的林区小镇，因为林业而兴旺，又因为林业而衰败。在城里你很难找到 20 ~ 30 岁的年轻人，但会不断邂逅他们的父母。在一家兽药店门口，我与那个抱怨女儿不结婚的大叔重逢了。

○ 去海拉尔给小狗买药的大叔

他怀揣着一只生病的小狗——一个刚刚被兽药店老板医治完毕的小家伙。女儿不在身边，小狗就是大叔最亲切的伴侣。为了它的身体健康，他不惜在绿皮火车上颠簸几小时，也要去海拉尔买药。而正是这一举动，导致了我俩的相遇。

我从图里河打了一辆车，前往岭北站，准备拍摄经典的铁路大弯道。得知我从南方而来，司机曲大姐谈起了她那在广州工作的儿子。“你说一个从中国最冷的小镇走出去的孩子，每年冬天都在广州冻得嗷嗷叫，图什么呢。”我只能安慰大姐说，这实在太过寻常。南方的冬天室内不供暖，因此怕冷的基本都是北方人。她摇摇头，表示不解。

出租车停在距离岭北站不到2公里的一处地方。想要找到拍摄机位，就必须从这里步入丛林，钻进大兴安岭的密林深处。

森林真是一种奇怪的存在，它让人敬畏，又使人平静。这里遍布着无尽的兴安落叶松，以及白桦林，它们明明是这个王国的主宰者，却又沉默地像一群置身事外的看客。到处可见的松鼠和野兔，以逛大街般的随意胡乱地窜。相比之下，飞虫们可是毫不客气。它们铆足了劲，不断向我发动一次次的自杀性袭击。

森林里有一些幽深的小径，四处通达。它们的缔造者可能是早先的林场工人，也可能是更久远的一些当地人。这些小径的存在，让那些闯进来的冒失鬼不至于迷路，也让他们有勇气朝更深的地方走。沿着小径一路向前，翻越铁路路基，一座长满落叶松的小山头便会浮现在眼前。

迷人的岭北大弯道，就在这座小山头的脚下转了一个大圈。一鼓作气爬上山头后不久，一辆东风11型内燃机车拖着6节绿色车厢从远处驶来。噼里啪啦一阵快门，昨天那列搭载我来到图里河的4181次绿皮火车，成为今天我的相机镜头里最夺目的主角。

完成拍摄之后，我让曲大姐送我到岭北车站。出租车在距离车站最近的地方瞎转悠，却愣是找不到进口。我索性下车，和曲大姐作别，对方非要塞给我两个大柿子，说自己种的，无公害。揣上两个大柿子，再次翻越一座小山岗，总算找到了岭北站的“入口”。确切地说，它根本没有“入口”。这是一座真正意义上的秘境车站，潜伏在森林深处，平时压根不会有什么乘客上下车，又谈何出入口。这里没有网络，没有手机信号，像是一个被纷繁尘世遗弃的无人之地。或许是太寂寞了，大黑狗老远就冲着我一阵狂吠。见到我的工作人员脸上挂着一幅难以置信的表情，“你也是来玩无人机的？”我连忙摇头。岭北站的站长，以一番

○ 岭北火车站

让人盛情难却的热忱，邀请我去他的办公室休息。这里的人嗓门虽大，心却像白桦林一样敞亮。这些 24 小时与森林为伍的铁路人，或许早就在日复一日的平静生活中，变得像植物那般简单而纯粹。

搭上 4182 次绿皮车，像坐公交车那样补了一张去乌尔旗汗的车票，9 块 5。

K7167 次
16:55 ~ 21:30
194 公里

乌尔旗汗—根河

火车票上这个叫作“乌尔旗汗”的林区小镇，通常又被书写为“乌尔其汉”。它是蒙语“乌日其善”的音译，意为“黎明”。从岭北到乌尔旗汗，列车要沿着牙林线往南开。也就是说，我原路返回了。之所以做出这样一个奇怪的决定，理由多少有些荒谬：镇上有一座彩虹色的水塔，它像吸铁石一样将我从图里河拽了回来。

1914年，来自俄国的沃伦措夫兄弟，将贪婪的魔爪伸向了大兴安岭。在乌尔旗汗，他们大肆开辟林场，疯狂掠夺森林资源。十月革命爆发后，苏联红军收复了西伯利亚铁路，并解放了后贝加尔和远东地区。一些战败的白俄官兵，被迫逃难到满洲里和海拉尔等地。狡猾的沃伦措夫兄弟，趁机雇用这些人为伐木工人，变本加厉地对大兴安岭林区进行粗暴砍伐。

乌尔旗汗与牙林铁路的命运自此被绑在一起。1928年6月，铁路开始从牙克石往北铺设。1935年，延伸至乌尔旗汗。1945年日本投降，铁路修到了距离牙克石144公里的地方。不过正如“满铁”时代的铁路建设，为中国东北留下了如脑神经般错综复杂的铁路网那般，这条144公里的铁道线，成为新中国成立后修建的牙林铁路前身。

○ 乌尔旗汗的彩虹水塔

拍摄完水塔，我从乌尔旗汗的主街道上徘徊来到火车站外不远处的黎明宾馆。它一袭翡翠绿的涂装，在高纬度日光的斜射下，显得格外清新脱俗。

我本打算进去住一宿——这处宾馆是当地唯一看上去能住的地方，且与“乌尔其汉”同名，却在前台收获这样一句冰冷又残忍的回答：“我们不对外营业。”看来，我和乌尔旗汗的缘分，也只能点到即止。海拉尔开往根河的快车不会等人，还好火车站近在咫尺。

买了一张到根河的卧铺票，车厢里没几个人。一个胖子睡在我的对面，从我上车起就不断打鼾，声如巨雷，一直没消停过。到了库都尔，他突然一个鲤鱼打挺，拎包下车了。既然下铺空出了，我便把登山包从行李架挪到了对面，并抽出一本罗杰·克劳利的《1453》消磨时间。不知何时，一个与我年龄相仿的男人走了过来，“这是你的兜儿吗？”登山包就这样被他挪到了中铺。刚一坐下，他便低下头歪着脑袋偷看我书的封面，我只好装作毫不知情，把书朝他目光方向悄悄抬高了一寸。

夜幕降临，开往根河的列车，仍旧不知疲倦地奔走在大兴安岭的莽林中。耳机里传来新裤子乐队伤感的声音：“依偎在安静的车厢里，越过夜幕下的森林。”尽管一个人旅行，这歌声仍旧让人感同身受。我并非全然意义上的“形影相吊”——一只不甘平庸的七星瓢虫，从岭北抑或大弯道起，便吸附在我的湖蓝色登山包上，成为这个世上最温顺的旅友，一路伴我同行。

4181 次
14:06 ~ 18:30
179 公里

根河—满归

根河是一座刚出火车站就对我不友好的城市——9 月的夜，漆黑得如锅底。冷风嗖嗖地，像刀子割在脸上一样。而根河又是一座刚出火车站就对我很友好的城市——钻进一辆出租车，问司机到酒店的价格，心想甭管多少都认了，司机大嗓门一喝：“打表！我总不能坑你吧？”最后结账才 6 块钱，并没有超出起步价。

根河确实冷得名不虚传。在牙克石和图里河等地，早晚温差已经让人心惊胆寒。而在这里，你得把耳朵和手捂起来，稍稍裸露在空气中，便会冻得生疼。从外面进屋，第一件事就是摘眼镜，不然至少要雾里看花 5 分钟。出门觅早点，经过一所鄂温克民族小学，送孩子的私家车把宽敞的马路堵得像高峰期的北京二环。

到了敖鲁古雅使鹿部落景区的接待处，我拿到一张刚刚出炉的景区门票，上面印有一只手绘的驯鹿，设计得很有格调，让人心生喜爱，便也顾不得抱怨 80 元的价格了。

我在景区内的鄂温克博物馆中裹足不前。一直以来，我对鄂温克人普遍缺乏细致的了解，总以为他们出门带猎枪，看病请萨满，但这已然是十分久远的过去了。鄂温克意为“大山里的人们”，他们由寒冷的西伯利亚地区迁徙而来，一直生活在根河以北、漠河以南约 20,000 平方公里的深山密林里。独特的生活方式，造就了他们与众不同的驯鹿文化、狩猎文化、桦皮文化、兽皮文化和萨满教文化。

我一直对北方少数民族信仰的萨满教充满好奇，看到博物馆里那些萨满巫师的服装、饰品神鼓、乌麦等稀有物件，让我回忆起 2017 年冬天在普雄开往西昌的绿皮火车上遇到的一位彝族萨满——毕摩。他不厌其烦地为我展示他的神鼓，以及流传了几代人的彝文经书。与鄂温克人的萨满相比，彝族的毕摩文化在经历了一系列动荡之后，仍旧得以保留，实属万幸。

再次回到根河火车站的时候，售票窗口还没有打开。一个男孩坐在入口处的石阶上，旁边堆着一只 70 升的登山包。他是一个徒步爱好者，从阿尔山一路走到牙克石，饿了吞野果，渴了到处蹭饭店的热水，活脱脱一个当代嬉皮士。得知我去了敖鲁古雅，他便流露出一种对收费景区的极度蔑视。只好转换话题，并试图用中国西部的一些古道来引起对方兴趣。可稍稍一聊开，他又大声唾弃我提到的一些国外探险家，说这帮混蛋都是来偷东西的。得，那我闭嘴好了。

列车进站后，大伙全都老老实实对号入座，列车员大喊一声：“挤一块干吗呢，前面车厢全是空位！”顿时哗啦哗啦地，一群人作鸟兽散，原本拥挤的车厢，瞬间变得空空荡荡。我在车厢尾部，旁边三个男人和一个女人串在一起，噼里啪啦打起扑克来。车里有些闷热，一个寸头男冲到我的小桌旁，倏地一下把窗户打开了。冷风毫不留情地倒灌进来，这多少让我有些不悦。不过转念一想，绿皮车本就该打开车窗嘛。加了件衣服，听老旧的单线铁轨与车轮咬合时有节律的咣当声，有几分自在，有几分催眠。挂上耳机，听着 October Falls 乐队的 *viima*，心想那就坠入永恒的黑森林好了。

在大兴安岭的老火车上听 October Falls，就好比在 66 号公路上听 Bob Dylan，在高速上听 AC/DC 的 Highway to Hell，在宁夏听苏阳，

在森林中容易迷路和遭遇野兽，建议结伴同行。在春季和秋季的森林防火期，请谨慎进入森林深处，且应注意不要遗留火种。如想体验森林徒步，请选择已被开发的徒步线路。

○ 夕阳西下，一对中年夫妇在铁轨上漫步

在云南听山人。大抵就是两个字：应景。人们把欧洲这些吟唱森林的泛黑暗类民谣，称为“森林民谣”。此种风格的乐团还有 Empyrium、Nebelung、Tenhi 等。他们的音乐从歌词、曲风到演唱方式，都让人产生一种迷失在黑漆漆的森林里、再也走不出来的幻象。或许在中国境内，唯有大兴安岭地区的神秘泰加林，才能匹配这片来自欧洲森林里的雾霭。

在我看来，牙林线是最能代表大兴安岭的一条铁路。它为掠夺森林而生，又因为森林的没落而沉寂。铁路是工业的，森林是精灵的，它们看似敌对，却在日复一日的相爱相杀中，达成了一种奇怪的和解。说老实话，我宁愿相信这是一种机械之力的臣服。火车嚣张得令人窒息，也不过是万物演化中的沧海一粟，而森林从亘古时代屹立于此，近乎永恒。森林是一面镜子，照射出人类所有的虚妄，所有的无知，鄂温克人深谙此道。他们宁愿走很远的路去扛回枯死的树枝，也绝不去砍伐任何一棵正在生长的树。

黄昏时分，列车跨越牛耳河，驶入激流河畔的阿龙山。不知人们是否还记得，这里正是当年轰动全国的一篇特稿——《大兴安岭杀人事件》的发生地。因为一次超车时的纠纷，三石头捅死了贾二。他们无冤无仇，却因为一次酒后的冲动，毁掉了整个人生。时至今日，这些爱喝酒的伐木工人，仍日复一日窝在小酒馆里醉生梦死。

4181 次列车驶出阿龙山的时候，我看见金光射在人们身上，那是一对手牵手的中年夫妇，正沿着一条通向深山的专用线铁路，朝那些有红色和蓝色房顶的村庄缓缓走去。我 8 年前见过的奇迹再现了。

8 年前，我从漠河坐中巴车前往满归。途经一座不知名的林场时，一位奶奶拉着她的孙女下了车。夕阳的余晖下，两个人在森林中缓缓行走的背影，笼罩在一片金黄色的光芒之下，洋溢着一种超越世俗的平静祥和。我久久凝视着这片金光，直到她们消失在再也看不见的某处地方。从手上拎着的购物袋来判断，她们极有可能去漠河采购生活物资。对于这些住在森林里的人来说，漠河的西林吉镇就是他们的世界中心。

看见金光的那一刻，整个世界在我眼前的存放秩序，土崩瓦解了。我开始相信这片森林中所有看得见的、看不见的东西属灵的一面。它们都有自己的命数，都有自己的星轨。

尾声

牙林线上的绿皮车虽然缓慢，却很少晚点。这条长达 446 公里的铁路，自满归站站台出现的那一刻，便宣告了终结。满归虽然位于“中国最北极”漠河以南，但仍是一座不折不扣的尽头车站。所有前往漠河的人，必须在这里换乘汽车，别无他法。

下车后，我匆匆奔向出站口。开往漠河的班车一路颠簸，路况甚至比 8 年前还要糟糕。好在浑圆的大月亮始终高悬空中，照射着夜幕下的森林。

我还是怀念铁路，以及充满人情味的车厢。它像个会行走的小酒馆，故事弥漫在空气里。听得厌烦了，就打开车窗吹吹风，或者伸手去触摸那些飘飞的树叶（不建议效仿）。如果说高铁是一部流畅无比的好莱坞商业大片，绿皮就是一部磕磕绊绊的欧洲文艺片，沉闷却蕴含诗意。车厢内的世界，是埃里克·侯麦和侯孝贤的剧本；车窗外的世界，是安哲罗普洛斯和塔尔科夫斯基的长镜头……

中东铁路

“中国东方铁路”的简称。19 世纪末 20 世纪初，沙皇俄国为抢占中国东北资源修建了这条丁字形铁路，连接东北各地。铁路线于 1897 年 8 月开始施工，1903 年 7 月正式通车。2018 年 1 月，中东铁路入选第一批中国工业遗产保护名录。

○ 林间觅食的驼鹿

○ 南溪河铁路桥横跨中越两国

文○齐栋
图○齐栋、视觉中国

南跨国境线

尽管轨距与中国不同，
大部分行驶路程也都是在夜间，
无法欣赏途中的风景，
但 T8701 次国际列车仍然吸引着我踏上旅程。
火车穿行在南方的丛林里，
跨越中越边境，
带来了一段不一样的旅行经历。

列车从南宁站驶出，很快便湮没在南方热带丛林中。漆黑的夜悄然而至，如锅底一般笼罩在地平线上。我爬到上铺，一边听歌，一边翻开保罗·鲍尔斯的《遮蔽的天空》。“他坐在床上看书，身上只穿了条短裤。”刚一打开，便是第三章的开头，和穿条短裤坐在铺位上的我，竟有了一丝冥冥中的巧合。

4年前，我曾搭乘新昆河铁路上的快车，来到中越边境的一座小城——云南河口。小城里到处是卖咖啡、香烟和手工艺品的越南“边民”，他们大多能讲一口夹生的普通话。在红河边漫步，你能清晰地听到对岸摩托车的轰鸣声。法国人在 100 多年前留下的滇越铁路，仍旧笔直地跨过中越铁路大桥，朝河内的方向延伸。尽管早已不通客运，但你还是能不断看到老街方向驶来的越南货运列车，将古老的铁路钢架桥折腾得地动山摇。

选择从河口的南溪河公路大桥出境，我徒步到了另一个国家，却也因此错过了从南宁开往嘉林的 T8701 次国际列车。

4 年过去了，我终于搭上了这趟列车，进行了一次穿越国境线的火车旅行。虽为故地重游，越南也算不上惊喜之地，但是国际列车的不寻常旅途，仍旧教人心驰神往。

中越铁路大桥

滇越铁路中国段的最南端，全长 121 米，如今为货车专用铁路，游客不能上桥。桥中间为中越国界（中国段占 61 米）。想要与界碑合影，可以去不远处的南溪河中越公路大桥，那里是河口最热闹的地方，口岸还会有升国旗仪式。

通往嘉林的混合轨道

从南宁出发的那一天，恰逢这座城市大降温。阴郁的天空下，棕榈树也变得意志消沉起来，所谓的亚热带风情，早已荡然无存。我和同伴钻进一座“嘉士摩根大厦”，准备前往某家旅行社，去拿预订的国际列车车票。这是一幢神奇的大楼，你无法说清楚里面到底藏匿了多少主打越南旅游的旅行社、野鸡民宿和牛皮癣广告。离开之时，等候一趟由高处而来的电梯，开门的一刹那，差点晕厥：囚笼一样的空间里塞满了人和行李，无数双眼睛像利刃一般直刺前方。我和同伴摇了摇头，只好老老实实地委身于消防通道。

距离 T8701 次列车出发的时间越来越近，我们当然不能错过这场重头戏。在国际联运列车的票本上，南宁到嘉林的 T8701 车次的后面，还紧跟着一个 MR2 字样。这实际上是该趟列车驶入同登站之后，越南铁路部门所使用的车次名称。至于嘉林站，可能也有一些中国游客会感到陌生。它其实是位于河内东北部的一座火车站，位置比较偏远。你可能会问，既然这样，为什么这趟列车不能以河内站作为终点呢？

答案就藏于两条长长的铁轨之间。越南铁路使用了一种叫作“米轨”的窄轨系统，顾名思义，两条铁路之间的轨距刚好为 1000mm，而中国铁路使用的是国际通行的标准轨距——1435mm。那么，如何解决不同轨距间的列车通行呢？国际上通常有两种应对策略：一是换轮子，比如北京—乌兰巴托—莫斯科的 K3 次国际列车，抵达二连浩特时，使用起重机把整个列车抬起，更换一对适合俄式宽轨（1520mm 轨距）的转向架；二是使用双轨距的线路，又称混合轨或套轨，也就是在两条铁轨的旁边，多铺一条铁轨，以适应两种不同轨距下的列车行进。

T8701/8702 次列车

在越南境内称为 MR1/2 次列车，是中国铁路运行于中国南宁至越南河内的趟国际联运特快列车，自 2009 年 1 月 1 日起开行。列车使用中国铁路 25B 型客车，沿湘桂铁路及河同铁路运行，全程 396 公里，历时 12 小时 25 分。

○ 一列米轨货列向中国方向驶来

中越国际列车采用的是第二种方法。在穿过友谊关的国门之后，从边境的同登站一直到河内的嘉林站，铺设了三根标准轨和米轨共存的混合轨，以方便各自的火车通行。这也就意味着 T8701/MR2 次列车，它最远只能到达嘉林火车站，因为那里是双轨距铁路的尽头。

行车时分

有趣的是，T8701 次列车候车室的电子屏幕上，将这趟列车的起始和到达站标注为：南宁—同登。有的乘客望着票本上的“嘉林”与显示屏上的“同登”，会觉得有些疑惑，好在国徽之下，南宁—河内（嘉林）的水牌清晰可辨，它牢牢地粘在 25B 软卧车的黄色色带上。他们这才如释重负，按捺不住心中的激动，小跑至墨绿色的车厢前合影。南宁客运段的列车员，早就对这一切司空见惯，始终目不斜视地立于车门旁。

我和同伴各领一张同侧的上下铺，对面则是两位从成都来的男生。他们并非头一次出国，却依然表现得颇为紧张。听闻我们一下火车就要赶飞机去岘港，他们惊讶地差点掉了下巴。“你们为什么不直接飞到岘港呢？”这下轮到我俩尴尬了，“其实我们就想体验下这趟国际列车。”他俩噢了一声，似乎这个答案并未让他们信服。

如果非要给 T8701 挑点刺儿，那显然可以揪出一堆。列车大部分时间穿行在夜间，这首先掐灭了火车旅行最有魅力的一团火：看风景。又因为中越双方并没有互免签证和落地签政策，所以乘客都要面对两次烦琐的通关程序。列车在中国凭祥站和越南同登站，均要停靠将近 2 小时的时间，非常磨人。更要命的是，以上这些办手续的时段在 22:00 至凌晨 2:00，而列车又会在清晨 6 点前抵达嘉林，这基本上就让那些想睡个好觉的乘客打消了念头。

列车摇摇晃晃，耳机里的音乐时而轻快时而沉郁。两首乐曲的空白之间，偶尔会传来同伴和两个男生的笑声。我翻开《遮蔽的天空》，一口气从第三章读到第十一章，“他一遍遍吻着她的头，她听到铁轨上缓缓滚动的车轮声声叮咛……雨敲打窗玻璃。”合上书本，我起身迎接黑夜。狭窄的软卧车厢过道上，一个男人正趴在车窗前，对着黑夜发呆。凭祥车站快要到了。

在凭祥站等候的这两小时，宁静如边境线上的植被，一切都寂寥如常。大概是深夜的缘由，中国边检盖放行章的速度快得惊人。和中国东北绥芬河等地边检人员的“絮叨”相比，这里的人实在过于沉默了。甚至，他们都失去了调侃游客的乐趣。列车驶离凭祥站，十几分钟便行至友谊关。雨水突然洒下，像一场事先彩排的送别，和《遮蔽的天空》里那场火车旅行又一次不期而遇。抬头远望，友谊关公路口岸仍旧灯火通明，中越两国的大型箱式卡车，似乎仍在喧嚣中排起长龙。而让法国人铩羽而归的昔日雄关，却和群山一起化为青黑色，消逝于静默中。

我们都不会忘却它曾经的名字——镇南关。1885 年，清军将领冯子

∩ 每天清晨 8 点，越南人推着货物进入中国做生意

材协同刘永福的“黑旗军”，与法军在镇南关前进行了一场惨烈的肉搏战，史称“镇南关大捷”；1907 年，孙中山与黄兴发动了镇南关起义，这是他领导的第六次反清起义，却又一次以失败告终；1939 年，侵华日军占领镇南关，烧毁关楼，并将“镇南关”和“南疆重镇”的横额掳走……时至今日，友谊关外再无硝烟。只有东风 4D 型柴油机车的轰鸣声，在每一个凌晨时分打破寂静。T8701 次列车终于穿过这座古老的关隘，抵达了越南境内。

边检大厅内的对抗

当我和同伴一身轻松地背着行囊，在同登火车站的边检大厅排队时，显然对接下来将要发生的糟心事毫无防备。一直听说越南边检有向中国游客索取小费的习惯，甚至有人根据不同的公路、航空和铁路口岸，罗列出了不同的“价位”，这实在有些滑稽。我坦坦荡荡地走到入境窗口，将护照递给越南边检人员。他先是仔细检查了我的越南签证页面，然后缓缓抬起了头，将两根食指叠成一个中文“十”字的形状，伴随着一句清清楚楚的“十块钱”。

这时，我才得以看清他的长相。他有几分中国 20 世纪 90 年代乡镇干部的气质，拥有一种穿西装搭配白色旅游鞋的品位。在他的眼神中，我居然看不到一丝一毫的贪婪，取而代之的，是一种猥琐气质。我狠狠地摇了摇头，并以一种坚定不移的眼神作为回答。不出所料，越南边检仍然不动声色，耷拉着那张猥琐的面瘫脸。他把我的护照往旁边一放，用中文说了一句“等等”，开始招呼下一位上来。就这样，我的护照被他暂时性地“扣押”了。我用中文不断质问那个边检：“为什么不给我盖章，为什么不还我护照？”他以听不懂我的话为由，拒绝回答。这时一位中年越南保安，招呼我到大厅里等待，说不要干扰了别人。我压制住愤怒的情绪，决定冷静下来。

现在的情况很明显：越南人理亏，并且欺人在先。我不能因为一时冲动，给他们抓到把柄。反正列车要停靠两小时，咱们看看到底谁先沉不住气。于是我很笃定地坐在候车大厅的椅子上，开始上演孤身一人的“对抗”。结果 15 分钟不到，先前那个中年保安，就手捧护照来到我的身边，“给你盖章了，你可以走了。”

我朝他微微一笑，然后昂首阔步，向停靠在同登站的列车走去。上车之后，和同伴交流，她也遭到了边检索取小费的“待遇”，结果当然没有给，她成功逃脱了刁难。而隔壁包厢的几个广东大妈，就没有这般幸运了。她们因为在签证生效日的前一天入境，被越南人叫到了一间“小黑屋”里，最后每人交了50元才予以放行。

我们的火车旅行，同登站之后还在继续。经过两次漫长的出入境等待和糟心的小费事件后，我总算可以爬到铺位上，好生睡上一觉。可惜这样的美梦，并未持续太久。国境线以南的列车，终将迎来第一缕曙光。6点不到，它就在淅淅沥沥的小雨中，缓缓驶入了嘉林站月台。

在无数“taxi”的呼喊声中出站，人群被迅速分割成两部分：一部分和的士司机讨价还价，另一部分和兑换钱币的小商贩讨价还价。听到有几个女孩子讨论去岘港的事宜，同伴便叫住了她们，询问要不要一起拼车去机场。“我们去岘港啊，不去机场。”一个女孩说。“可你们不去机场，怎样去岘港啊？”“打车去吧，我们查过了，岘港很近的，只有十几公里。”女孩回答道。同伴还想再和她们解释下岘港的真实距离，却被直接拒绝了。“反正我们不会去机场的。”其中一个女孩说。

于是，一场穿越国境线的火车旅行就此结束，我们在河内只逗留了3小时，就要去赶飞往岘港的飞机了。不过在赶飞机之前，我们要在嘉林火车站门口的小摊上，先吃上一碗地道的越南牛肉米粉。

○ 在河内穿城而过的
网红铁路旁喝咖啡，
也是别有一番风味

海云关附近的铁轨和沙滩

穿越海云岭

文○齐栋
图○齐栋、视觉中国

我站在公路边，
眼前是一望无际的大海，
沙滩上有孩子在嬉闹。
这个位置在盘山道的半山腰，
碧蓝色的大海毫无脾气地躺在我的脚下。

我有几分焦虑，
因为拿捏不准 SE6 次列车到来的时间
——相对于习惯了"和谐号"的国内游客，
VNR（越南铁路）正点的概率
和阿森纳夺得英超冠军的概率差不多。

与 4 年前那次无助的等待相比，我知道这次火车一定会来。我静静地站着，不时有骑着摩托呼啸而过的外国游客，其中的一半人会在我身后减速，还有 1/3 会停下来。他们跨过围栏，来到我身边，朝我望着大海的方向凝视，用手机咔嚓两张照片，再迅疾离去。他们肯定看到了铁路，却丝毫意识不到这条铁路上过许多旅行杂志　是这颗星球上首屈一指的海景铁路。

不知傻站了多久，我终于看到那条"青蛇"，从翠绿色的草丛中钻了出来。它不停地扭动着身躯，以缓慢的姿态蜿蜒前行。这是从胡志明市向北开往河内的 SE6 次列车，它翻山越岭，只为离这片蔚蓝大海更近一点。在这幅绝美的构图中，我得偿所愿，将火车与大海锁定在同一个取景框中。4 年前在此地苦等火车 2 小时未果的悲伤往事，这一刻再度撞入脑海……

寻铁路不遇

2015 年 5 月，我从河内火车站搭乘 VNR 的 SE19 次快车，前往岘港（Da Nang）。除了舒适的软卧席位、免费的茶水供应，你还能在包厢的小桌板上发现一盏台灯，或是一枝鲜花。大多数列车员的英文并不灵光，却仍旧尽心竭力为乘客提供服务。

列车在黑夜中离开首都，沿着南北铁路一直往南方开。这是一条拥有 80 多年历史的老铁路，是越南铁路的南北大动脉。在看似一只瘦瘦鸡腿的越南地图上，南北铁路就是那根唯一的骨头，支撑起它的每一寸血肉。越南面积不算大，比云南省还略小一点。但它的领土极为狭长，南北铁路的长度达到了 1726 公里，几乎接近兰州到连云港的陇海铁路（1759 公里）全长。这是一个相当了不起的数据，它无形中拉长了铁道旅行的时间维度——在时速只有约 50 公里的南北铁路上，河内和胡志明市的距离，变成了绵长的 30 多个小时。

然而，去岘港，我是非乘火车不可的——在灵姑湾（Lang Co Bay）到岘港之间的海云岭（Hai Van Mountain），隐藏着一段亚洲顶级的海景铁路。它甚至惊动了《美国国家地理》，被评为全球最美的海景铁路之一。而这趟 SE19 次列车，无疑是验证美国人品位是否靠谱的最佳工具。火车在无尽的山脊和海岬之间徐徐前行，它将在翌日上午 10 点多的黄金时间，缓缓步入海云岭。

彼时的 SE19 次列车上，如果一个人睁开惺忪的双眼，突然看见车窗外是一片深蓝色的大海，就算他不能忘乎所以，也绝不会再次闭上眼睛。和我同包间的一个游客，把加拿大国旗的魔术贴牢牢粘在登山包上，生怕又有路人把他错认成美国人。这样一个沉默寡言的男生，却在蔚蓝的南中国海面前大叫了一声，再没有离开过道半步——我们这节车厢朝向大海的那一侧，刚好就是过道。不一会儿，整个过道的车窗前便趴满了人。

中越国际列车

T8701/T8702 次列车，越南境内称为 MR1/2 次列车，是中国铁路运行于中国广西南宁至越南河内的一趟国际联运特快列车，自 2009 年 1 月 1 日起运行，现由中国铁路南宁局集团有限公司南宁客运段担任客运任务，是南宁始发的首对国际联运列车。

天公作美，海水蔚蓝，光线明朗，层次分明。一种再也没法奢求的场景就此铺开，仿佛大自然为你预设好了光圈、快门和感光度。

就这样，SE19 次列车带我穿越海云岭，来到了燥热的岘港。去酒店卸下行李，我便租了一辆摩托车，马不停蹄地赶回先前火车经过的地方。从市区到海云岭，大概有 30 多公里，骑摩托至少要 1 小时。而我拿到这辆摩托之前，压根没骑过它，甚至都不知道怎么打火。

车行的老板却显得波澜不惊，大概这样的顾客，他早已见怪不怪。经过一番简单的培训，我像个冒失鬼一样上路了。不过我吃惊地发现，自己似乎还挺有骑摩托的天赋。不一会儿，我就把车子飙得像越南人一样又快又狠了。赶到海云岭，我找到一处地方，有海有沙滩有弯弯曲曲的铁路。但两个多小时过去了，我看着太阳渐渐落山，大海由蓝色变成灰色，却始终未能听到一声火车的汽笛声。

的确，好运不可能永远相伴。在那之后的几个月，一个朋友经我安利，坐火车来到海云岭。可他头顶的天，是一片沉郁；他脚下的海，是一片深灰。东南亚的天气，比青春期少女的情绪还多变。也许他稍稍停留，又会重拾一抹蓝。但火车从来不等人，它在不断奔跑中，与天地共同谱出流动的诗篇，你只能邂逅这其中短暂的一幕。

骑摩托，追火车

此时，“青蛇”继续朝海云岭的深处爬去。SE6 次列车将翻越一处螺旋形铁路展线，然后爬升到更高一层的山脊上，再沿着大海向北，朝灵姑湾的方向慢慢爬行。4 年前的记忆就此飘远，我的摩托车又一次发动起来。

这条公路要比南北铁路始终高出一头，因此十分适合骑着摩托追火车。而这段穿越大海的铁路，在前方仍有几个绝佳拍摄机位，在不赶时间的前提下，当然要将它们一网打尽。

与 4 年前相比，我的摩托车驾驶技术依旧一言难尽。因为平时根本不骑，以至于在租车的时候，又一次在老板面前忘记了如何打火。好在出发以后很快找回了感觉，但直到还车的时候，我都没有琢磨出这辆车的转向灯该怎么打。

在越南骑摩托，时常会陷入一种恍惚的境地：你永远都处于一种摩托车的包围之中。一会儿你超别人，一会儿别人超你。再加上人人都戴

○ 摩托车是当地最主要的交通工具

着头盔，一不留神 你还以为自己在参加摩托车拉力赛。尤其遇到红灯，所有机车都停在了一根看不见的起跑线后面。信号灯变绿的一瞬间，几百台马达同时轰鸣，石破天惊一般，摩托车如脱缰的野马，呼啸而出这种壮观难以言喻。从岘港市区到海云岭，有十几公里的路程摩托车都要贴着棕榈树和海滩前行，惬意极了。但骑着骑着，你突然发现自己变成了孤身一人，“队友们”都已不见踪迹。据说这里叫南澳海滩，也是越南战争时期第一支美军的登陆地，几乎看不到一个游客，渔民也无精打采，曾经的战争喧嚣早已幻化成历史云烟。

在海云岭的碧海蓝天之中，我想起电影《摩托车日记》中的场景：盖尔·加西亚饰演的切·格瓦拉骑着摩托，载着朋友一路狂奔，身后的尘土弥天，漫漫前路充满未知。

我羡慕这些骑摩托的人，他们掌握了一种拥抱自由的捷径，我渐渐感同身受。即便只是一辆破旧的踏板式摩托车，它仍将我整个身躯变得轻盈如山雀。又或者装上了一双风火轮，像曾经的一首老歌中唱到的那样，“追追追我追过狂风追过我自己”。

当先前拍摄的那条青蛇再度出没于视线的尽头时，我和摩托车都铆足了劲，向着更高的山巅冲刺而去。与常规的风光摄影不同，拍摄火车的过程，很像一次事先张扬的“捕猎”行动。摄影师要提前选择好机位，在脑海里架构出大致要拍摄的照片式样，然后守株待兔，坐等猎物上钩。这不同于拍摄星轨时的长曝光，也有别于日出日落的几十分钟，一趟火车出现在取景框中的时间，总是稍纵即逝。你必须把握好分分秒秒，才能将这一运动中的被摄物体完美捕获。一旦错过，便只能扼腕痛惜，苦苦等待下一趟列车的到来。这其中的心酸往事，但凡每个架起相机，在荒郊野地里守望着一条孤单铁路发呆的过来人，都挥之不去。

海云岭的几处机位，大都是令铁道摄影爱好者心花怒放的“上帝视角”，无须借助无人机，你便可以俯瞰脚下的火车，有的翻山越岭，有的环抱大海。而且依靠这种视觉落差，原本高大威猛的钢铁巨兽，也变成草丛中的青蛇一般婉约可爱。这样即便一列火车再长，也能够完整地出现在取景框中。我骑着摩托，沿着盘山公路，觅得不少这种天赐般的机位，把一趟趟火车装进了相机的存储卡。

天下第一雄关

海云关，位于海云岭的最高处。长山山脉像刀片一样切割了中南半岛，隔绝了越南和老挝，也将余脉一直伸向南中国海畔。因此在狭义上，这里便成为南越和北越的分界线。我骑摩托经过这座残破的关隘时，差点被横七竖八的旅行团大巴给挤扁：这些车子不断在停车场都算不上的狭窄空间内闪躲腾挪，一不留心便会剐蹭到来来往往的摩托车骑士，或者坠入万丈深渊。庆幸的是，它们的司机都拥有高超的驾驶技术，居然能够相安无事地把各自大巴停靠稳当。待到拍摄完成，再度返回此地时，我做出了一个相当草率的决定：吃饭。

这是一间简陋的草铺，靠山谷一侧拥有绝美的观景视线，你能清楚地看见南北铁路的法式石拱桥，以及更远处的灵姑湾。我要了一份鸡蛋炒面，可一端上来便追悔莫及。这就是最最普通的方便面，稍稍过了一下水，还是那种温吞的水，面都没有泡开，硬邦邦的，上面摆着一只双面煎的荷包蛋。令人不解的是，面虽然难以下咽，蛋却差强人意。后家的狗，早就按捺不住口水，不断觊觎着这盘根本没吃几口的炒面，让我更加心疼这坑人的40,000越南盾。

闲坐了一会儿，店家收走盘子，拿去喂了狗。我的疑惑迎刃而解，为啥这条狗一直盯着我的面呢？原来它早就熟知这种套路，知道这些游客是绝对吃不完的。毫无疑问，店家才是真正的赢家，他们轻而易举地完成了一项不可思议的任务：让这些萍水相逢的陌生游客，为他们家的狗购买狗粮。

○ 海云岭公路上休憩的牛群

如果你气不过，那就在此多坐一会儿，至少风景不会骗人。我观察这些团友，讲中文的最多，讲韩语的次之。其大致的比例，和我那年在吴哥窟前等人时的情况差不多：在先后遇到的 10 个旅行团中，共有 6 个中国团、3 个韩国团、1 个日本团。而在越南，我没有遇到一个日本团和一个日本人，倒是韩国人扎堆出现。

中国游客依旧喜欢"占领"一切与景点相关的东西。他们在海云关的废墟前合影，手指着"天下第一雄关"的牌匾，颇有几分气壮山河之势。1826 年，阮福晈（越南阮朝第二代君主）在海云岭的最高处修建城墙，海云关就此登上历史舞台，并见证了阮朝的兴衰、法国人的殖民史、美军登陆和南北统一。如今，这些断垣残壁和南越军队丢下的碉堡，随着海云岭旅游的大热，将会源源不断地出现在中国人的朋友圈中。

归途列车

尽管身旁是"天下第一雄关"的牌匾，我仍然无法将视线从南北铁路上移开。1906 年，法国人征服了海云岭。他们在顺化和岘港之间，铺设了一条跨越山和大海的铁路。尽管需要不断翻山，法国人却没有开凿涵洞，而是以铁路展线的方式，让火车在绿色和蓝色之间转圈。这是老铁路的隽永，也是工业革命时代最后的浪漫。铁路的老态尽显，越南的米轨火车只能以 30 公里左右的时速，小心翼翼地穿越海云岭。4 年前我从河内方向坐着 SE19 沿着南北铁路而来，4 年后我搭上开往河内的 SE2 次列车。唯一的理由，只为再看一眼海云岭。列车上的过道仍面朝大海，但趴在窗前的却变成了两个英籍的巴基斯坦人。他们把窗户打开，一边对着大海轻叹，一边享受着海风拂面——直到那个不近人情的越南列车员，以安全为由将窗户锁上了。他们仍不死心，抓住一个面善的列车员。"10 分钟，把车窗打开 10 分钟就好！"巴基斯坦人哀求着。"5 分钟，5 分钟的话可以。"列车员回答道。两个人围绕着 5 分钟还是 10 分钟，展开了一场激烈的拉锯战，不明就里的人，会以为这是发生在菜市场里的讨价还价。当车窗再一次被推开时，车厢里居然响起了阵阵掌声。这是黄昏前最美的一刻，值得和全世界跳一场贴面舞。

这次，我放下了手中的相机，趁列车被黑暗侵袭之前，好生看看这片布满奇迹的大地。不管是奇形怪状的海岬，行走在铁道上的村民，还是漫山遍野的热带丛林，甚至就连电线杆子，也能一并尽收眼底。

○ 皮拉图斯山小火车正贴着山岩缓缓而上

中欧三城追寻欧铁

文○杨霁
图○杨霁、视觉中国

晨光慢慢爬上维也纳中央火车站（Wien Hauptbahnhof）玻璃与混凝土交织的现代感立面。火车站大厅内，从联排食铺飘出的咖啡香，正唤醒人们的嗅觉；宽敞的站台上，早班列车安静往来，密布的铁路线在此汇流，转而通向南北东西。从这座世界上最先进的枢纽典范，我们开启这段欧洲铁路之旅。

中央火车站新修于 2014 年，但维也纳通衢四方的传统，却是自古有之。城北穿流而过的多瑙河迎送了无数途经的船只，传奇的东方快车首次从巴黎驶出后，也选择在这座中欧心脏城市歇停整顿。历史上最强大活跃的家族之一——哈布斯堡家族，不仅给维也纳带来了六百年都城荣光，也留下了一张四通八达的完美铁路网。弗朗茨·约瑟夫一世（Franz Joseph I.）统治时期（1848 ~ 1916 年），他的帝国曾拥有从瑞士至罗马尼亚纵横十余国的辽阔疆域，这位皇帝将兴修铁路作为巩固统治的重要手段，其中一项著名举措，便是打通了维也纳与意大利海港城市的里亚斯特之间的联系。为此，奥地利人徒手征服了阿尔卑斯山上的峻岭，留下一段世界铁路史上的奇迹——赛梅林铁路。

如血管般输送着能量的铁轨，不仅自维也纳向外辐射，也分布于城内的各个角落。这座城市宁静韵味与现代活力并存，这多少与其通达便捷的城市交通网有关。若从中央火车站出发，乘上在地底飞驰的“红线”U1地铁，十多分钟就能抵达国家歌剧院、斯蒂芬大教堂等著名景点所在的核心地带，投入丰富繁华的都市文艺生活。而若继续往北飞驰十多分钟，列车便从地下跃入地上。在那儿，城郊的气息如同多瑙河蓝色波浪上三两徐行的白帆船，悠游自在，恒久不变。

老城中依旧“吱嘎”作响、碾过轨道的有轨电车，则似乎是对旧时光的回望与致思。它们同霍夫堡周边至今仍悠悠跑动的马车一道，显露出这座古都坚守至今的一种姿态。在多瑙运河南岸的 Schewedenplatz 站，跳上一列 1 路有轨电车，车顶的“触角”摩擦半空中纵横交错的天线，车身扭动着往西，再折而往南、往东，跃然眼前的正是气象万千的环城大道。电车在大道上走走停停，维也纳最恢宏壮丽的宫殿、教堂、博物馆、剧院、雕塑与花园在道路两旁层出不绝。一个半世纪以前，当弗朗兹一世下令拆除中世纪城墙，兴修这条环绕内城的林荫大道时，或许只是为了打造一座能与拿破仑缔造的巴黎一争荣宠的伟大城市，他大概并未想过，这条大道连同上面游走了百年的电车有一天会成为那个风云帝国的一张怀旧名片。

对欧洲铁路的好奇，驱使我们继续上路。红白相间的奥铁 Railjet 缓缓驶离中央车站，载着我们奔向下一个拥有完美铁路系统的中欧国家——瑞士。我想百年前在这两国间往来的旅客，或许还无法想象现代高速列车的风驰电掣。我们透过车窗所见的一路风光，并无太多变化：列车自奥地利整洁葱郁的东部及北部平原、丘陵与河谷地带，奔赴西南部连绵不绝的阿尔卑斯山脉，沿途山姿绰约，湖上白雾弥漫，有着高耸教堂尖顶的座座村镇，时而显现在列车停靠的站台旁。

车厢内顶的电子屏显示此趟的终点为瑞士中北部的苏黎士。不过，在享用了由年轻活泼的餐车女侍者端上的维也纳炸猪排作午餐后，我们就在瑞奥边境处的 Buchs SG 站下了车。在这儿，我们换乘了一列有着敞亮的全幅玻璃窗、车门边设有雪具搁板的瑞铁 S-Bahn Train，沿着两国边境线折而北上，一路与高山下悠然吃草的瑞士牛羊友好示意。及至

St.Laurenzen 教堂的尖塔是俯瞰圣加伦老城的绝佳地点

康斯坦茨湖（Lake Constance；德语又称博登湖，Bodensee）那水粉般的蓝色从眼前掠过，列车便轻轻滑入了瑞士东北部（瑞、奥、德三国交界处）门户城市圣加伦（St Gallen）的车站。

传说始于一头熊与一位爱尔兰僧侣的圣加伦，如今最为人熟知的，无疑是老城中被列入联合国世界遗产的天主教修道院。修道院内坐落着瑞士最古老的图书馆，它精致的洛可可风格建筑与珍贵的中世纪手抄本收藏，令人叹为观止。“欧洲书房”的美誉，多少压过了圣加伦800年纺织历史的风头。今天来到这里的访客，或许不曾了解：在这座古城纺织业的极盛时期，全球一半以上的刺绣布料均出自此。

这段荣耀时刻，正发生在“一战”结束前的百年内，恰与火车的诞生及此后欧洲铁路的黄金时代重叠。如今，站在圣加伦火车站由粗硕的工业铁条撑起的透光天顶下，不难想象当年的人们是如何站在月台，目送一列列满载精美布料的火车鸣笛启程，开往巴黎、米兰，乃至纽约；也就不难理解，为何这座宏伟的新艺术派建筑会被当地人自豪地称为“世界之门（gateway to the world）”。

火车运走圣加伦人引以为傲的手艺，随后载回巨额财富、慕名而来的纺织业大亨，以及彼时欧美最前沿的建筑艺术风潮。当我们跟随本地向导克劳迪娅（Claudia）在老城蜿蜒不绝的街巷中漫步时，沿路以“Pacific”“Oceanic”等命名的建筑及其鲜明的装饰艺术风格，令人联想起19世纪的纽约或巴黎。“现在城中大约90%的房屋，都是用纺织品换来的财富建成的。”克劳迪娅说着，带我们进入一栋名为Palazzo Rosso的4层楼建筑。这栋建于1886年的优雅大厦，如今是圣加伦纺织博物馆（Texile Museum）所在地。馆内3万件藏品，讲述着这座城市与纺织业有关的今夕故事。火车站一旁的Lokremise，同样是那个机械轰鸣年代的回响。这座瑞士国内保留下来的最大的原铁路机车仓库，建于圣加伦纺织业极盛时期。8年前这座庞大的工业建筑被改建成为文化中心，当代戏剧、电影、音乐等艺术的进驻，使历史空间焕发出了新的生命力。

在圣加伦短暂停留后，我们接着朝瑞士的中部枢纽城市卢塞恩（Luzern）进发，继续探寻欧洲铁路的奥秘。我们乘坐的这趟VAE快车（Voralpen-Express）途经瑞士最高的铁路桥（Sitter viaduct，高达99米），一路驶过瑞士东部和中部的秀丽山丘及乡村。图根堡的田园风光、苏黎世湖畔的漂亮小镇、Rothenthurm附近开阔的高地沼泽……如同水彩画片般掠过窗前。上车后不久，身着笔挺制服的列车长前来查票。他在我的欧铁通票上戳下标记。“享受这趟伟大的旅行吧！”那缕花白而一丝不苟的小胡子后，露出了一抹微笑。

2小时16分钟后，列车准时驶入卢塞恩的站台。从柔软的复古风座椅上起身、迈出温暖安静的车厢时，我甚至对它产生了些许眷恋之意——难怪瑞铁的口碑一直居高不下。相较其他欧陆强国兴修铁路的历程来看，瑞士只能算是个后起之秀；但正是这个直至 1847 年才自主修建第一条铁路的国家，率先完成了铁路系统从蒸汽至电气化时代的进化。第二次世界大战开始时，77%的瑞士铁路网已经通电，而当时其他欧洲铁路的电气化程度仅为 5%。

瑞士人在铁路工程技术方面的另一项绝活，藏在卢塞恩市中心以南 20 分钟车程外的皮拉图斯（Pilatus）山中。在海拔约 440 米处的阿尔纳斯特站（Alpnachstad），我们坐上齿轨火车漆红色的车厢。此后的 40 分钟，这列小火车将带领我们攀越全世界最陡峭的铁路，冲上 2000 米之

○ 瑞士高架桥上的火车风景

上的山巅。

“这段铁路的最大坡度达到 48° ，平均坡度也在 42° 左右。”皮拉图斯山向导科林（Corin）女士向我们解释道。她指向车窗外不断后退的铁轨，补充说：“所以工程师们想了一个法子：在轨距为 800 毫米的两条铁轨中间增加一条齿轨，齿轨的齿形与机车底部的齿轮一致。这样一来，齿轨与齿轮彼此紧紧咬合，车子就能维持着每小时 7 ~ 12 公里的速度，一点点往上攀。”

伴随着齿轮碰撞发出的“库嗤”声，火车不断上升。一开始，我们所在的尾节车厢背后始终弥漫着浓浓的山间雾气，仿佛穿行于云雾森林。等行至半山腰，火车犹如穿越了一道无形的屏障般，甩开了寂静的雾色，一头扎入倾泻而下的明艳阳光之中。头顶是空阔洁净的蓝天，远山呈现浓淡分明的蓝色，从山间白羊毛毯一般松软的云团中探出头来，成片成片拔地而起、极高而瘦的树木与我们的车厢擦身而过。

接近山顶时，火车贴着层理分明的巨大岩壁徐徐而上。有几个背包徒步者远远地冲我们挥手，科林也挥手回应。“瑞士人是狂热的户外运动爱好者。”她转头冲我们眨眨眼，“我家就住在山下的小镇 Kriens，平常有空也来山中徒步，走上四五个小时。当年维多利亚女王到这儿骑马上山时，这列‘偷懒’的小火车还没被发明出来呢！”

而尚不具备那份好脚力的我们，在山巅饱览风光后，还是略带羞惭但义无反顾地坐上空中缆车，“溜”下了山。回到卢塞恩城内，在备受瑞士民众欢迎的交通博物馆（Swiss Museum of Transport）结束这段欧铁之旅，可算圆满。火车展厅内，模拟齿轨小火车上山原理的交互式游戏乐趣无穷，一度引得大家争相体验；按照 1 ∶ 1000 比例建造的 57 米长的圣哥达基地隧道模型，让人感叹开凿这条世界最长铁路隧道的“瑞士智慧”；曾为瑞士巧克力传播做出巨大贡献的全瑞第一列电力机车（1888 年），则与它的众多同伴一道躺在大厅里，将参观者带回那个机械与热血共沸的岁月。

迈出博物馆大门时，夕阳正轻盈地落在卢塞恩湖上。在金粉色的混沌中，湖对岸老城的教堂尖顶、水塔与纵跨南北的长桥，如同莫奈笔下的画作。一艘白色客船正在离岸，似是卢塞恩湖上至今仍在航行的 5 艘蒸汽船之一。而距离世界上第一艘蒸汽船、第一座火车站的出现，已经过去了两个世纪。火车与轮船，这两种曾众所期待的“平等、自由与文明的战车”，依旧载着无数旅人，日复一日地穿山越海，携风而去。

·······

星行客 · 旅行没有方法论

星行客 Planet Seeker 是中国地图出版社旗下旅行·生活·文化品牌，拥有雄厚的旅行内容资源。“旅行没有方法论”系列图书由《孤独星球》杂志值得信任的作者采写，记录当下新鲜、特别的生活方式，推广积极乐观的生活态度，分享花样百出的旅途故事，相信每个人都有自己面对旅途的方式，也都能在旅行中找到属于自己的乐趣，旅行没有能作为唯一准则的方法论。

星行客一直致力于让你所爱的世界离你近一点，再近一点。勇敢的旅行者、智慧的生活家，一路同行，我们始终乐意与你为伴。星行客，探索不设限！Planet Seeker, Universal Rover。

星行客，
探索不设限！

总　　编　朱　萌
责任编辑　喻　乐　田　越
编　　辑　叶思婧　李偲涵
装帧设计　艾　夏

感谢李潇楠为本书提供的帮助。

旅行没有方法论·漫
LUXING MEIYOU FANGFALUN·MAN

图书在版编目（CIP）数据

漫 /《孤独星球》杂志著 . -- 北京：中国地图出版社，2022.6
（旅行没有方法论）
ISBN 978-7-5204-2607-7

Ⅰ.①漫… Ⅱ.①孤… Ⅲ.①游记－世界 Ⅳ.①K919

中国版本图书馆 CIP 数据核字 (2022) 第 064564 号

出版发行 中国地图出版社
社　　址 北京市白纸坊西街 3 号
邮政编码 100054
网　　址 www.sinomaps.com
印　　刷 北京华联印刷有限公司
经　　销 新华书店
成品规格 169mm × 239mm
印　　张 16.25
字　　数 260 千字
版　　次 2022 年 6 月第 1 版
印　　次 2022 年 6 月北京第 1 次印刷
定　　价 68.00 元
书　　号 ISBN 978-7-5204-2607-7

如有印装质量问题，请于我社发行部（010-83543956）联系